KB253671

율곡 이이

성리학과 실학을 겸비한 실천적 지성

시대의 절대사상

율곡 이이

성리학과 실학을 겸비한 실천적 지성

| 황의동 | 이이 |

살림

e시대의 절대사상을 펴내며

고전을 읽고, 고전을 이해한다는 것은 비로소 교양인이 되었다는 뜻일 것입니다. 또한 수십 세기를 거쳐 형성되어온 인류의 지적 유산을 제대로 이해하고, 그 바탕 위에서 새로운 자기만의 일을 개척할 때, 그 사람은 그 방면의 전문가가 될 수 있을 것입니다. 프랑스의 대입 제도 바칼로레아에서 고전을 중요하게 취급하는 까닭도 그와 같은 이유 때문이겠지요.

그러나 예전에도, 현재에도 고전은 유령처럼 우리 주위를 떠돌기만 했습니다. 막상 고전이라는 텍스트를 펼치면 방대한 분량과 난해한 용어들로 인해 그 내용을 향유하지 못하고 항상 마음의 부담만 갖게 됩니다. 게다가 지금 우리는 고전을 읽기에 더 악화된 시대를 살고 있습니다. 변하지 않고 있는 교육제도와 새 미디어의 홍수가 우리를 그렇게 만들고 있는 것입니다.

고전을 읽어야 하지만 읽기 힘든 것이 현실이라면, 고전에 친근하게 다가갈 수 있는 새로운 방법을 응당 고민해야 하지 않을까요? 살림출판사의 e시대의 절대사상은 이러한 문제의식을 가지고 기획되었습니다. 고전에 대한 지나친 경외심을 버리고, '아무도 읽지 않는 게 고전'이라는 자조를 함께 버리면서 지금 이 시대에 맞는 현대적 감각의 고전을 만들고자 했습니다.

고전의 내용이 지나치게 주관적으로 해석되어 전달되는 위험을 피할 수 있도록 그 분야에 대해 가장 정통하면서도 오랜 연구 업적을 쌓은 학자들이 자신의 경험을 응축시켜 새로운 고전으로의 길을 열고자 했습니다. 마치 한 편의 잘 짜인 다큐멘터리 프로그램을 보듯 고전이 탄생할 수 있었던 시대적 배경과 작가의 주변 환경, 그리고 고전에 담긴 지혜를 재미있게 습득할 수 있도록 내용을 구성했고, 난해한 전문 용어나 개념어들은 최대한 알기 쉽게 설명했습니다.

이전에 경험하지 못했던 새로운 감각의 고전 *e 시대의 절대사상*은 지적 욕구로 가득 찬 대학생·대학원생들과 교사들, 학창 시절 깊이 있고 폭넓은 교양을 착실하게 쌓고자 하는 청소년들, 그리고 이 시대의 리더를 꿈꾸는 모든 사람들에게 생생하게 살아 숨쉬는 인류 최고의 지혜를 전달할 것이라고 확신합니다.

기획위원

서강대학교 철학과 교수 강영안

이화여자대학교 중문과 교수 정재서

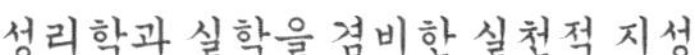
성리학과 실학을 겸비한 실천적 지성
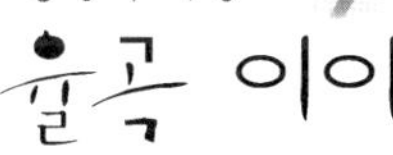
율곡 이이

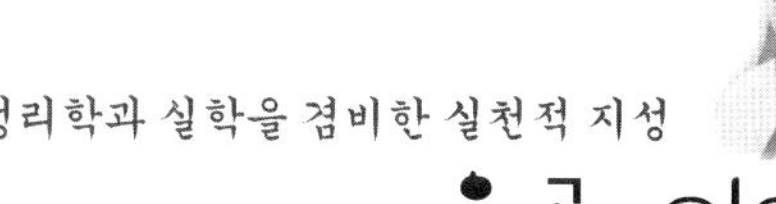
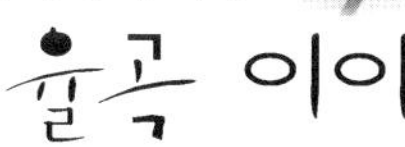

성리학과 실학을 겸비한 실천적 지성
율곡 이이

1부

시대 · 작가 · 사상

栗谷 李珥

조선조 오백 년을 통해 수많은 유학자가 배출되었지만, 그 가운데 세계에 자랑할 만한 철학자의 한 사람이 바로 율곡 이이다. 우선 그는 학문적으로 탁월하였다. 송대 성리학에 기반을 두었지만 모방만 하지는 않았다. 탄탄한 존재론을 바탕으로 이기지묘理氣之妙, 기발이승氣發理乘, 이통기국理通氣局의 독창적인 화두를 제시하였다. 이를 통해 우주자연과 인간의 조화, 윤리와 경제의 조화, 그리고 몸과 마음의 유기적 이해 속에서 이성과 감성이 어우러진 전인적 인간을 추구하였다.

특히 율곡의 철학 속에는 심오한 철학적 논리와 함께 민생과 나라를 근심 걱정하는 우환의식이 진솔하게 녹아 있다. 그리고 불교와 도가까지도 수용하는 활짝 열린 생각으로 성리학과 실학을 아우르는 '율곡학'이라는 대하가 굽이친다.

율곡, 그는 16세기 리理 철학과 기氣 철학을 조화시켰고, 성리학과 실학의 징검다리가 되었으며, 기호학파의 중심적 위치에 우뚝 섰다.

21세기, 우리는 이제 그에게서 '조화' '개혁' '실학'의 정신을 배울 수 있다.

1장

율곡과의 만남

만남의 계기

학자에게는 저마다 전공이 있다. 나도 굳이 전공을 말한다면 서슴없이 '율곡철학'이라고 말할 수 있다. 그것은 내가 쓴 석·박사논문과 주된 글들의 주제를 율곡 철학으로 삼았기 때문이다. 내가 1979년에 성균관대 대학원에 입학하고 보니 성리학풍이 주류를 이루고 있었다. 성리학을 가까이 할 수 없었던 나에겐 힘겨운 방황의 나날이었다. 더욱이 중등계 학교에 몸담고 있으면서 대학원 과정을 마친다는 것은 결코 쉬운 일이 아니었다.

성리학에 대한 기초가 부실했던 나는 이동준 선생님의 「만언봉사萬言封事」 강의를 듣고 율곡의 경세론에 관심을 갖게 되었고, 이를 어렵게 엮어 간신히 석사논문을 쓸 수 있었다. 지금 생각하면 부끄럽기 짝이 없다.

나는 그 뒤에 충남대 대학원 박사과정에 입학해 다시 율곡에 매달렸다. 이곳엔 성리학을 전공한 교수님이 한 분도 없어 독학하는 것과 같았다. 이때 유승국 선생님의 논문 「율곡철학의 근본정신」은 내가 율곡을 연구하는 데 길잡이가 되었다. 이 논문에는 율곡철학에 대한 문제의식이 잘 나타나 있고, 무엇이 율곡철학의 핵심 과제인지를 잘 설명해 놓았다. 그 화두는 바로 '이기지묘理氣之妙'다. 율곡철학의 본질과 체계, 그리고 그의 철학정신이 바로 이기지묘에 있음을 깨닫게 되었다. 그래서 나는 율곡의 이 이기지묘를 과제로 삼아 박사논문 구상과 연구에 몰두했다. 물론 유승국 선생님 외에도 김경탁, 채무송, 이동준, 이을호, 송석구 선생님들께서 이미 이기지묘에 대해 언급한 바 있다. 그러나 이를 주제로 삼아서 쓴 본격적인 논문은 김종문 교수님의 「율곡의 이기철학체계에 대한 연구」가 처음이라고 생각한다.

나는 이러한 선배 학자님들의 힌트와 조언을 바탕으로 1987년에 박사논문 「율곡의 철학사상에 관한 연구─이기지묘를 중심으로」를 발표했는데, 이때 나는 연세대 배종호 선생님의 지도를 받았다. 배종호 선생님은 당시 동양철학계의 큰 어른으로 특히 한국 성리학에 많은 관심을 갖고 『한국유학사』를 출간하는 등 많은 학문적 업적을 남긴 분이다. 나는 박사논문 심사과정에서 배 선생님의 자상한 지도와 가르침을 받을 수 있었다. 유승국 선생님께 율곡학의 대체를 배웠다면, 배종호 선생님께는 율곡철학의 각론을 배울 수 있었다. 그 뒤, 박사논문을 보완하고 석사논문을 합해 졸저『율곡철학연구』를 간행하게 되었고, 1998년에는 다시 율곡학에 대한 내 연구 성과를 종합하고 보완해『율곡사상의 체계적 이해』 2권을 서광사에서 출간했다. 1권은 성리학 편이고 2권은 경세사상 편으로 율곡학의 체계를 나름대로 정리해 보았다.

그 뒤에 나는 배종호 선생님의 추천으로 율곡사상연구원의 연구원이 되어, 논문집『율곡학』9권이 발간될 때까지 성리학·교육사상·개혁사상·성학 등 율곡학 공동연구에 매진해 왔다. 그리고 지금은 율곡학회 회장을 맡아 나름대로 노력하고 있다.

이렇게 볼 때, 나는 율곡 선생님 덕분에 먹고산다고 해도 과언이 아니다. 율곡 선생님께 많은 빚을 졌다. 율곡학에 입문한 지 어언 30여 년이 되어 간다. 이제 그 분의 학문을 대중에게 쉽게 알리고 서양학문과 접목해서 세계적인 학문으로 키워야 한다.

율곡의 매력

무엇이 나로 하여금 율곡 연구에 매달리게 했는가? 율곡의 참된 매력은 어디에 있는가?

우선 나는 율곡의 뜨거운 애국심에서 감동을 받는다. 율곡이 임금에게 올린 수많은 상소문은 그가 지닌 우국충정과 우환의식의 소산이다. 그의 상소문은 임금에게 안부나 묻고 예를 갖추는 형식적인 글이 아니다. 그가 올린 상소문에는 나라와 민생을 걱정하는 한숨이 배어 있고, 부국강병과 반듯한 나라를 염원하는 뜨거운 애국심이 깃들어 있다. 「만언봉사萬言封事」는 그의 수많은 상소문 가운데 대표할 만한 글이다. 글자 수가 무려 만여 자이며 그 내용은 시국에 관한 냉철한 분석과 탁월한 정책대안으로 가득 차 있다. 「만언봉사」에는 애

율곡 이이의 모습.

국심과 경륜, 그리고 논리 정연한 개혁에 대한 계획이 잘 정리되어 있다. 1584년 1월 14일, 율곡이 세상을 떠나기 이틀 전에 전방근무의 명을 받고 서익徐益이 찾아왔다. 율곡은 병환으로 거동하기 힘든데도 6개조의 방략을 불러주고, 그의 아우인 우瑀에게 받아 적게 해서 서익에게 주었으니, 그의 나라사랑이 얼마나 간절하고 지성스러운지 알 수 있다.

율곡의 매력은 그의 철학이 조화와 회통會通의 철학이라는 것에 있다. 율곡은 자연과 인간의 조화 속에서 그의 철학을 시작한다. 자연과 인간의 유기적 관계를 통해 신성神性과 물성物性이 하나로 조화되고, 정신과 물질이 하나로 소통하는 세계를 펼친다. 그에게 중요한 것은 정신이나 물질만이 아닌, 양자가 하나로 회통하며 양쪽 가치가 온전하게 살아 숨쉬는 세계다. 또 율곡은 윤리나 경제 중 어느 하나만 중시하는 사회가 아니라 이 둘을 함께 존중하는 세상을 꿈꾸었다.

이런 율곡의 철학은 논리가 정연한 체계로 서술되었다. 그의 학설은 49년의 생애 동안 거의 일관된다. 23살 때 쓴 「천

도책天道策」이라는 과거시험 답안에서 보인 그의 기발이승氣
發理乘의 철학정신은 죽을 때까지 변함없이 지속되었다. 더
욱이 당시 경직된 학풍 속에서도 불교와 도가를 용납하고, 양
명학과 화담의 기학氣學을 포용하는 것에서 그의 활짝 열린
철학세계를 볼 수 있다. 그는 순정醇正한 유학자이자 주자의
충실한 문도였지만, 이에 구애받지 않고 폭넓은 지혜를 찾아
자유분방하게 구도의 길을 나섰다. 율곡은 성리학 내지 주자
학의 울타리 안에서 안주하지도 않았고, 유교적 명분과 윤리
질서에 매몰되지도 않았다. 율곡은 성리학을 하면서도 실학
을 했다. 그는 윤리적 가치도 중요하지만 부국강병과 민생의
안녕도 중요하다는 사실을 알고 있었다.

그의 지칠 줄 모르는 개혁정신은 율곡이 결코 관념적이거
나 현실에 안주하는 학자가 아님을 알게 한다. 그는 기회가
있는 대로 임금에게 개혁의 당위를 설명했다. 율곡의 상소는
모두 개혁론으로 채색되어 있다. 이런 연유로 율곡은 '개혁
을 좋아하는 사람'으로 불리며 비난을 받기도 했다.

이와 같이 율곡은 뜨거운 애국심과 투철한 우환의식을 지
닌 참된 지성인, 독창적인 성리철학의 체계를 지닌 동시에 경
세제민經世濟民의 실학을 겸비한 진정한 유학자다. 그리고 이
념과 사상을 초월해 우주자연과 인간을 논한 탁 트인 사상가,
시대의 한계를 뛰어넘어 역사와 나라를 바꾸고자 한 개혁적

정치가로서 분명 우리 역사의 자랑이며 세계에 내놓을 만한 위대한 철인임이 분명하다.

율곡학의 두 줄기

율곡은 49년의 짧은 생을 살았지만 사상의 폭이 넓고 깊다. 그의 문집은 그리 많지 않은 분량이지만 그 속에 담긴 철학 내용은 참으로 풍부하다.

율곡학은 크게 두 줄기로 나뉘지만, 결국 한 곳에서 만난다. 하나는 성리학이고, 다른 하나는 경세학 내지 실학이다. 율곡은 한국을 대표하는 성리학자다. 우리는 유학을 말할 때 공자와 맹자를 아울러 공·맹이라 말하듯이, 한국 성리학을 말할 때 퇴계와 율곡을 함께 아울러 퇴·율이라 일컫는다. 그만큼 율곡은 퇴계와 더불어 한국 성리학을 대표한다. 그것은 그의 성리학이 중국성리학의 보편성과 독창성을 지니고 있고, 율곡의 앞 시대를 아우르고 뒤에 다가오는 조선조 후기

유학사에 미친 그의 영향이 지대하기 때문이다. 그래서 현상윤은 『조선유학사』에서 독창성이 뛰어난 조선성리학의 6대가로 서경덕徐敬德·이황李滉·이이李珥·임성주任聖周·기정진奇正鎭·이진상李震相을 꼽는다.

또한 율곡학은 경세적 실학이라 말할 수 있다. 그는 성리학적 논변이나 이기론적 사변에만 몰두한 관념적인 철학자는 아니었다. 이 점이 율곡의 장점이고 율곡이 율곡다운 점이다.

율곡은 유학 본래의 우환憂患의식이 투철해서 나라와 백성에 대한 근심과 걱정을 많이 했다. 그는 책상 앞에 앉아 심오한 철학만을 논하지도 않았고, 나라와 백성이 어찌 되든 고고하게 자기결신自己潔身만을 추구한 처사處士도 아니었다. 그는 나라와 백성을 향한 애정과 시국을 예리하게 진단하는 밝은 혜안, 나라와 백성을 구원하는 개혁과 건설의 방대한 계획을 지니고 있었다. 그래서 율곡의 경세학은 조선조 후기, 실학의 모태가 되었고 정치·경제·사회·법·행정·언론·교육·군사·윤리 등 다양한 분야를 망라하고 있다.

이렇게 볼 때, 율곡학은 성리학을 체體로 하고 경세학을 용用으로 한 수기치인修己治人의 학문이며, 내성외왕內聖外王의 학문이다. 즉 율곡학은 성리학과 실학이 모순되지 않고 하나로 묘융妙融되는 것이 그 특징이다. 진정한 성리학은 실학으로 나가야 하며 진정한 실학은 성리학에 근거해야 한다고 볼 때, 율곡학의 진정한 의미를 이해할 수 있다. 따라서 율곡학을 진정으로 이해하려면 그의 성리학과 함께 경세학, 즉 실학을 이해해야 한다.

2장
율곡의 시대와 삶

총명했던 어린 시절

율곡栗谷 이이李珥는 1536년(중종 31년) 12월 26일에 강원도 강릉 북평촌 오죽헌烏竹軒에 있는 외가에서 태어났다. 그는 덕수德水 이씨李氏로 부친 이원수李元秀 공과 모친 사임당師任堂 신씨申氏의 4형제 중 3남으로 태어났다. 신사임당이 이이를 낳기 전에 꿈속에서 용을 보았다고 해서 그의 자字를 '현룡見龍'이라 했고, 그의 고향이 경기도 파주 율곡촌栗谷村이므로 '율곡'을 그의 호로 삼았다.

그는 어려서부터 총명해 서너 살 때부터 글을 배우기 시작했다. 하루는 외할머니가 석류 한 개를 보여주며 "이 물건이 무엇과 같으냐?" 하고 물었다. 이에 3살 먹은 율곡은 고시를 인용해 "은행은 껍질 속에 덩어리 푸른 구슬 머금었고, 석류는 껍질 안에 부스러진 붉은 구슬 싸고 있네.”라고 해서 주위 사람들을 놀라게 했다. 또 4살 때에는 『사략史略』을 읽다가 시골 훈장이 구두를 잘못 떼어 읽는 것을 지적한 일도 있다.

6살 때에 모친을 따라 서울로 와서 어머니 신사임당에게 교육을 받았다. 신사임당은 경서에 통달하고, 시와 문학에 능하고, 서화書畫에 뛰어난 당대의 여걸이다. 이러한 모친 슬하에서 교육을 받아 율곡은 이미 8, 9세에 시문에 명성이 높아 신동神童이라 불렸고, 13살에 진사초시에 합격한 이래 무려 아홉 번 과거시험을 보아 아홉 번을 모두 장원급제해 ‘구도장원공九度壯元公’이란 별명을 얻기까지 했다. 따라서 율곡은 일정한 스승 없이 독학으로 학문을 성취했다고 볼 수 있다.

율곡은 7살 때, 이웃에 살던 진복창陳復昌이란 사람을 대상으로 삼아 이른바 「진복창전陳復昌傳」을 짓고, 그 속에서 “이 사람이 벼슬자리를 얻게 된다면, 나중에 닥칠 걱정이 어찌 한이 있으랴.”라고 했는데, 그의 예언대로 진복창은 훗날 윤원형尹元衡과 함께 을

어머니 신사임당.

임진강가의 화석정.

사사화乙巳士禍의 주역으로 비난을 받는다.

율곡은 8살 때, 파주 임진강가의 화석정花石亭에 올라 다음과 같은 시를 읊었다.

숲 속 정자에 어느덧 가을이 저무는데

나그네의 생각 한이 없어라

멀리 흐르는 물은 하늘에 닿아 푸르고

서리 맞은 단풍은 햇볕을 향해 붉었네

산은 둥근 달을 토해내고

강은 만 리의 바람을 머금었다

하늘가의 저 기러기 어디로 가는지

저무는 구름 속으로 울음소리 끊기네

또 10살 때에는 경포대를 놓고 다음과 같은 글을 쓰기도
했다.

아! 명예의 굴레가 사람을 얽어매고 이욕利欲의 그물이 세상을
덮는데, 그 누가 속세를 초월하여 한가로움을 즐길 것인가. 모
두 이리 뛰고 저리 뛰다가 스스로 지치는구나. (중략) 나그네가
웃으면서 대답한다. 세상에 나아가 도를 행하는 것과 물러나 숨
는 것은 운수에 달렸고, 화복禍福은 시기가 있는 법, 구한다고
얻을 수 있는 것이 아니고 버려도 버릴 수 없나니, 그만 두자, 마
침내 인력으로 취할 수 없으니 명命이라 마땅히 조화하는 대로
따를 뿐이네. 하물며 형상은 만 가지로 나뉘지만, 이치가 합함
은 하나임에랴.

죽고 사는 것도 분변하지 못하거늘, 하물며 오래고 빠름을 구분
하랴. 장주莊周는 내가 아니고 나비는 실물이 아니니, 참으로
꿈도 없고 진실도 없으며, 보통 사람이라 해서 없는 것도 아니
고 성인이라 해서 있는 것도 아니거늘, 마침내 누가 득이고 누
가 실이겠는가. 그러므로 마음을 텅 비워 사물에 응하고 일에
부딪치는 대로 합당하게 하면, 정신이 이지러지지 않아 안을 지
킬 터인데, 뜻이 어찌 흔들려 밖으로 달리겠는가. 달達하여도
기뻐하지 않고 궁窮하여도 슬퍼하지 않아야 출세와 은거隱居의
도를 완전히 할 수 있으며, 위로도 부끄럽지 않고 아래로도 부

끄럽지 않아야 하늘과 사람의 꾸지람을 면할 수 있다네.

여기에서 우리는 소년 율곡의 아이답지 않게 깊은 생각과 문학적 자질을 엿볼 수 있다. 더욱이 어린 소년의 마음속에 교차하는 유가적 삶과 도가적 삶의 고뇌를 읽을 수 있다.

출가, 그리고 퇴계와의 만남

스승이자 어머니인 신사임당의 죽음은 소년 율곡에게 큰 충격으로 다가왔다. 1551년 5월, 그의 나이 16살에 어머니를 잃게 되었다. 그는 마침 부친을 따라 해서로 갔다 돌아오다가 모친의 부음訃音을 듣게 되서 임종도 못했다. 그는 「주자가례朱子家禮」에 따라 상례를 치르고 3년 동안 여묘廬墓살이를 했다. 그는 효성을 다해 몸소 제수祭需를 장만했고 제기祭器를 닦는 일조차 하인에게 맡기지 않고 손수 했다.

19살의 율곡은 모친의 죽음을 계기로 인생에 대한 근원적 물음에 직면했다. 도대체 삶이란 무엇이며 죽음이란 무엇인가? 이때 마침 율곡은 불서佛書를 보게 되어 불교의 세계로 여행을 떠났다. 그는 그해 3월, 금강산에 들어가 불학을 공부하고 스님들과 더불어 수행에 전념했다. 율곡은 이때 한 출가로 훗날 두고두고 다른 이들에게 비난을 받는다. 그들은 율곡이 이단에 빠졌고 순수한 유학자가 아니라고 주장했다. 이에 대해서는 율곡 스스로 임금 앞에서 고백한 적이 있다. 그는 자신처럼 불교에 관심을 갖고 불서를 많이 읽은 사람도 드물 것이라고 했다. 율곡은 불교의 문제점을 인식한 뒤 결연히 뛰쳐나왔다. 사실 『율곡전서』를 읽어보면 곳곳에 불교 냄새가 많이 난다. 특히 그의 철학에는 탁 트인 회통의 논리가 번뜩이는데, 이는 불교의 영향이 크다고 볼 수 있다. 당시 유교사회에서 율곡의 불교 경험이 비난받는 대상이었지만, 오늘날에는 결코 율곡의 장점이지 단점은 아니다. 왜냐하면 유학이 아닌 다른 사상에 대한 폭넓은 섭렵이 다채롭고 깊고 넓은 율곡의 사상을 만들었기 때문이다.

그의 금강산 생활에 대한 일화는 많이 알려져 있다. 하루는 조그마한 암자에서 놀다가 노승老僧을 만나 서로 문답을 나누다, 율곡이 다음과 같은 시 한수를 노승에게 지어주었다.

물고기 뛰고 솔개 날아가는 그 이치는 위아래가 똑같구나
저런 것 모두 색色도 아니고 또 공空도 아니지

『시경』의 말을 불교의 이론으로 자연스럽게 해석한 데서

그의 유불회통儒佛會通의 논리가 번뜩인다. 그가 금강산에서 1년여에 걸쳐 방황한 일은 그의 정신적 자양을 풍부하게 하는 계기가 됐다. 율곡은 세속으로 돌아오고 유학자로서 새로운 각오를 다진다.

1555년 봄, 20살에 접어 든 청년 율곡은 강릉으로 돌아와 유학자로서 입지를 확고히 한다. 그는 자신에 대한 일종의 맹서로써 「자경문自警文」 11개조를 써서 자신에게 다짐한다. 제1조는 "먼저 그 뜻부터 크게 세우고, 성현을 표준으로 삼아야 한다. 털끝 하나라도 성현에 미치지 못하면 내 사업을 마치지 못한 것이다."라는 내용이다. 공자·맹자 같은 성현이 되어야 하고, 이를 위해 유학에 전념해야 한다는 그의 각오와 결의를 볼 수 있다.

그가 23살 되던 해 봄, 그는 당대 석학으로 존경받던 퇴계 선생을 예안(안동) 도산陶山으로 찾아가 뵙는다. 이때 23살인 율곡은 장래가 촉망되는 철학도요, 퇴계는 58세의 원로 유학자였다. 마치 오늘날 대학생 율곡이 존경하는 철학교수를 찾아가 인사를 드리는 모습같다.

퇴계 이황.

율곡은 퇴계 선생에게 인사를 하고 대화하면서 이틀을 머물다 돌아왔다. 두 유학자 간의 처음이자 마지막 만남이었다.

이때 율곡은 퇴계 선생에게 다음과 같은 시를 지어 올렸다.

시내는 수사파洙泗派에서 나뉘고

봉우리는 무이산武夷山처럼 빼어났네

살아가는 계획은 천 권쯤 되는 경전이고

거처하는 방편은 두어 칸 집뿐이로다

마음은 제월霽月(비가 갠 하늘의 밝은 달)보다 더 깨끗하고

말씀과 웃음은 광란狂亂을 안정시킨다

소자小子는 도道를 듣고 싶어 찾아왔지

한가히 시간만 보내려고 온 것이 아니라네

이에 대해 퇴계 선생도 율곡에게 다음과 같은 시를 지어 화답했다.

병든 나는 문 닫고 누워 봄이 온 줄 몰랐는데

그대가 와서 이야기하자 마음이 상쾌하구나

이름난 선비 헛소문 없다는 것을 비로소 알겠건만

전부터 나는 몸가짐도 제대로 못한 것이 부끄럽다

아름다운 곡식에는 강아지풀 용납할 수 없고

갈고 닦은 거울에는 티끌도 침범할 수 없지

실정에 지나친 말은 모름지기 깎아 버리고

공부하는데 각자 더욱 힘쓰세

　퇴계는 율곡이 다녀간 뒤, 그의 제자 월천月川 조목趙穆 (1524~1606)에게 보낸 편지에서 "아무개가 찾아왔는데 그 사람됨이 명랑하고 시원스러우며 지식과 견문도 많고, 또 우리 학문에 뜻이 있으니 '후배가 가히 두렵다.' 는 공자의 말씀이 참으로 나를 속이지 않았다."고 술회했다. 아마도 퇴계에게 비친 율곡의 첫 인상은 총명하고 활달하고 유학에 뜻이 있는 장래가 촉망되는 젊은이로 보였으리라. 퇴계의 말대로 율곡은 훗날 퇴계의 학설을 정식으로 비판한 최초의 인물이 되었다. 조선조 유학의 쌍벽으로 우뚝 선 것이다.

나라와 백성을 위한 말과 글

　율곡은 29살에 명경과에 급제해 호조좌랑으로 첫 관직을 시작한 이래 예조좌랑·사간원 정언·이조좌랑·홍문관 교리·청주목사·황해도 관찰사·승정원 동부승지·우부승지·사간원 대사간·사헌부 대사헌·호조판서·이조판서·병조판서·형조판서·의정부 우참찬·병조판서 등의 벼슬을 지냈다. 그러나 그의 생애에서 보듯이 사퇴해도 허락되지 않는 상황에서 하는 수 없이 한 벼슬살이도 많았다.

　조선조 사회는 상소제도가 일반화되어 있었다. 이를 통해 치자와 피치자가 소통했는데, 이는 오늘날 언론과 같은 역할을 했다. 율곡은 그의 전 생애를 통해 임금에게 할 말을 다한 사람이라고 해도 과언이 아니다. 율곡은 임금에게 목숨을 걸고 바른 말을 했고, 국가경영의 미래상을 제시하기도 했다. 이는 나라와 백성을 위한 근심과 걱정의 소산이며, 투철한 역사의식과 유학자로서 사명의식에서 비롯한 것이기도 하다.

율곡은 평생 105편의 소차疏箚(상소上疏와 차자箚子를 아울러 이르는 말), 계啓(관청이나 벼슬아치가 임금에게 올리는 말), 의議(나랏일을 논하여 임금에게 올리는 글)를 올렸다. 그는 당시 권간權奸으로 지탄을 받던 윤원형에 대한 처벌을 주장했고, 동서 분당의 조짐이 보이자 이를 조화하고 화합시키려는 노력을 게을리하지 않았다. 그래서 그는 '동서' 두 글자는 곧 망국의 화근이라 하고, 동서의 구별을 씻어버리고 오직 능력에 따라 현인재사賢人才士만 등용하라고 했다. 율곡은 "김효원金孝元도 신이 아는 사람이고 심의겸沈義謙도 신이 아는 사람입니다. 그 사람됨을 논한다면 모두 쓸 만한 사람이요, 그 과실을 말한다면 둘 다 잘못되었다 하겠습니다. 만일 한 사람은 군자요 한 사람은 소인이라 한다면, 신은 그 말을 믿지 않습니다." 하고 말했다. 그리고 "아! 붕당朋黨의 이론이야 어느 시대인들 없었겠습니까. 오직 그들이 군자인가 소인인가를 살피는 것이 중요합니다. 진실로 군자라면 곧 천 명이나 백 명이 붕당을 이룬다 하더라도 많을수록 더욱 좋지만, 진실로 소인이라면 곧 한 사람이라 하더라도 용납해서는 안 될 것입니다. 하물며 붕당을 이루게 해서야 되겠습니까?"라고 했다.

이와 같이 그는 동서 분당의 조짐이 싹 터 지도층의 분열이 심각히 우려되는 상황에서 붕당의 문제에 대해 자신의 견해를 피력했다.

율곡의 상소문은 임금에게 의례로 올리는 안부인사 수준의 글이 아니었다. 그는 기회가 있을 때마다 정성껏 임금에게 진언하고 비판과 충고를 아끼지 않았다. 그는 시국을 명쾌하게 진단하는 명의名醫였다. 율곡은 당시의 정치·안보·경제·사회·교육·민심 등 국정 전반에 걸쳐 진단을 했다. 혹자는 그의 십만양병十萬養兵과 임진왜란을 결부해 그의 탁월한 예언자적 식견을 말하지만, 이는 그의 합리적인 현실 인식과 냉철한 현실 분석의 소산이다. 율곡은 선조 임금에게 시국의 문제점이 무엇인가를 분명하게 말하고 대안을 제시했다. 율곡은 비판만 한 것이 아니라 어떻게 해야 나라가 부강하고 민생이 안정하는가 하는 대안을 제시했다. 그리고 그의 이러한 현실 인식과 정책 대안은 책상 앞에서 관념으로 이룬 것이 아닌, 몸소 청주목사로, 황해도 관찰사로 지내면서 얻은 경험의 소산이라는 데 더욱 큰 의미가 있다.

그는 당시 조선의 현실을 가리켜 '흙이 무너지는 형세' '쌓아놓은 계란이 무너지는 형국'이라고 표현했다. 2백 년 묵은 집이 낡아서 동쪽을 고치면 서쪽이 무너지고 서쪽을 고치면 동쪽이 무너져, 유명한 목수라도 어찌 손댈 바를 모를 지경이라고 했다. 삼척동자 어린 아이의 눈에도 나라가 망하는 것이 훤히 보이는데, 백성의 부모라는 임금은 팔짱만 끼고 앉아 나라가 망하는 것을 구경만 하고 있으니, 이를 생각하면 자다가도 밤중에 벌떡 일어나게 된다고 술회했다. 그리고 그는 상소문마다 말미에 '이대로 가다가는 십년도 못 가 나라가 망한다.' 는 예언 아닌 예언을 했으며, 자신의 말이 틀렸으면 임금을 속인 죄로 처벌해 달라고 극언하기를 서슴지 않았다.

이와 같이 율곡은 평생 나라와 백성을 위한 우국충정에 불탔고, 그 마음을 임금에게 바친 상소문으로 표현했다.

우계 성혼과 나눈 우정, 그리고 학술논쟁

율곡은 우계牛溪 성혼成渾(1535~1598)과 평생 돈독한 우정을 나누었다. 우계는 율곡보다 1살 더 많은데, 율곡의 나이 19살 때 도의지교道義之交를 맺고 평생 변하지 않았다. 율곡과 우계는 고향이 같다. 율곡은 강릉에서 태어났지만 친가의 고향은 경기도 파주 율곡촌이고, 우계 역시 서울에서 태어났지만 친가의 고향은 파주 우계여서 두 사람은 어려서부터 친하게 지냈다. 여기에 또 한 사람 구봉龜峰 송익필宋翼弼(1534~1599)도 경기도 구봉산 자락에서 나서 자랐다. 이들은 나이도 비슷해 삼총사나 다름없었다. 이들은 정치적으로도 서인계로서 거취를 함께 했고, 사상면으로도 기호유학을 대표하는 자리에 있었다.

파산서원.

율곡과 우계, 두 사람은 젊은 날의 약속대로 학문에 정진해 기호유학의 쌍벽을 이루고, 문묘文廟에 함께 배향되는 영광을 누린다.

율곡과 우계는 서로 존경하면서도 친우로써 비판과 충고를 아끼지 않았다. 율곡은 자신이 비록 철학이론 쪽으로는 우계보다 나을지 모르지만, 몸가짐의 독실함으로는 자신이 우계에게 미치지 못한다고 고백했다. 율곡의 문인인 사계沙溪 김장생金長生도 처음에 우계는 율곡과 견줄 만큼 되지 않는다고 생각했으나, 우계를 가까이 대하면서 율곡이 그를 도의지교로써 사귄 뜻을 이해하면서 우계의 진면목을 알 수 있었다고 술회했다. 다만 율곡은 우계가 눈앞의 현실에 대해 외면

하고 적극적으로 현실에 참여하지 않는 것에 대해 불만을 표시했다.

그러면 우계는 율곡을 어떻게 생각했는가? 우계는 율곡이 도체道體의 근원을 환하게 꿰뚫어보았다며 '천지의 조화에는 두 근본이 없고, 인심의 발현에는 두 근원이 없으며, 리理와 기氣는 서로 발할 수 없다.' 는 등의 말은 참으로 자신의 스승이었다고 술회했다. 또 율곡의 아들인 경임景臨에게 "율곡은 5백 년 동안에 나오기 힘든 흔치 않은 걸출한 인물이었다. 내가 소시에 강론하면서는 친구라 생각해 서로 버티고 하였는데, 노경에 와서 생각해 보니 참으로 나의 스승이었으며, 나를 많이 깨우치게 했다." 하고 말했다.

그러나 우계가 율곡을 항상 칭찬만 한 것은 아니다. 우계는 율곡이 지나치게 과거시험에 매달리고, 자기 학설에 자신감이 많고, 지나치게 저술을 많이 해서 자칫 내면 수양에 소홀하기 쉬운 점을 항상 경계했다.

이와 같이 율곡과 우계, 두 사람은 평생 도의지교를 통해 절차탁마切磋琢磨해서 크게 성공한 유학자가 되었으니, 이는 서로 믿고 존경하며 잘못을 비판하고 충고하는 진실한 우정이 있었기에 가능했던 것이다.

율곡과 우계는 이처럼 절친한 우정을 나누었지만 이념과 사상은 조금 달랐다. 1572년 율곡 37살, 우계 38살 때에 그들은 인심도심人心道心을 중심으로 한 성리학에 대한 논쟁을 벌인다. 이는 앞서 퇴계와 고봉高峰 기대승奇大升의 사단칠정四端七情 논쟁의 후속편으로, 한국유학사에서 중요한 의미가 있다. 이 논쟁은 우계가 퇴계의 학설에 동조해 율곡에게 질문하면서 시작한다. 이들은 1년 동안 9차례에 걸쳐 편지를 주고받으며 논쟁했다. 주제는 성리학의 주요 논제인 인심도심을 비롯해 사단칠정·본연지성기질지성本然之性氣質之性·이기론理氣論·태극음양론太極陰陽論에 이르기까지 광범했다.

우계는 모든 존재가 기발이승氣發理乘이라는 점에는 율곡에 동의하지만 사단칠정, 인심도심은 리理와 기氣로 나누어 상대적으로 설명할 수도 있고, 또 주리主理와 주기主氣로 나누어 설명할 수도 있다고 보았다. 즉 아직 발하기 전의 '칠정속에 사단이 포함된다.(七包四)'는 구조는 고봉·율곡의 설과 상통하고, 이미 발한 이후에 사단칠정을 주리·주기로 상대시켜 보는 것은 퇴계의 설과 상통해 절충하는 성격을 띤다고 볼 수 있다.

반면 율곡은 사단칠정이 모두 같은 인간의 감정인데, 칠정속에 선한 도덕 감정이 사단일 뿐이라고 했다. 따라서 사단의 선과 칠정의 선은 가치가 다르지 않다고 보았다. 율곡은 퇴계나 우계가 윤리적 관점에서 사단칠정을 구별하고, 그 근원처를 이기理氣로 분속分屬해 주리, 주기로 나누어 보는 태도를 존재론적 관점에서 경계한 것이다.

사실 이 논쟁은 퇴계와 고봉 간의 긴장감 넘치는 팽팽한 논쟁은 아니었다. 두 사람의 성품과 기질이 다르고, 또 율곡이 일방적으로 설득하는 측면이 강했기 때문이다. 그렇지만 이를 통해 두 사람의 학문적 깊이가 더해지고 한국 성리학의 심화에 기여한 것은 큰 의미가 있다.

십만 양병과 우환의식

율곡은 국가안보에 관심이 많았고 군사문제에 탁월한 식견을 지녔다. 예나 지금이나 국가안보는 그 무엇보다 중요한 문제다. 주변 강대국에 둘러싸인 우리나라의 지리적 환경을 보면 더욱 그렇다. 안보가 무너지면 정치·경제·교육 등 모든 분야가 저절로 무너진다. 그래서 나라를 책임지는 지도자는 무릇 국가안보를 우선으로 삼는 것이다.

율곡이 살던 16세기 후반의 국제정세도 심상치 않았다. 중국 대륙은 명이 쇠퇴하고 청나라가 강성해졌으며 일본은 전국시대를 극복하고 도요토미 히데요시(豊臣秀吉)가 통일국가를 준비하고 있었다. 그러나 조선은 건국된 지 2백여 년이 넘게 태평에 젖어 안일安逸과 고식故息으로 세월을 보내는 형편이었다.

율곡은 1583년 2월에 시무時務 6조를 올렸는데 그 내용은 국방에 관한 것이었다. 첫째는 어진 자와 능력 있는 자를 골라 써야 한다는 것이요, 둘째는 군민軍民을 기르는 것이요, 셋째는 재용財用을 풍족하게 하는 것이요, 넷째는 변방의 경비를 굳건히 하는 것이요, 다섯째는 전마戰馬를 준비하는 것이요, 여섯째는 교화를 밝히는 것이다.

첫째, 도덕적으로 어질고 능력 있는 자를 써야 한다는 것은 국방에 힘쓸 때 인재가 중요함을 말한다. 즉 군사를 이끄는 사람 역시 도덕성과 전문적인 식견을 지닌 능력 있는 자로 가려 써야 한다는 말이다. 둘째, 군민을 길러야 한다는 것은 백성이 곧 군사가 될 수밖에 없는 현실에서 군사에 필요한 인적 자원의 중요성을 말한 것이다. 셋째, 재용을 풍족하게 해야 한다는 것은 국방 경제의 중요성을 말한 것이다. 이는 당시의 현실을 감안하면 매우 근대적인 발상이자 선구적인 탁견이라고 할 수 있다. 넷째, 변방경비를 굳건히 해야 한다는 것은 국경수비의 중요성을 말한 것이다. 다섯째, 전마戰馬를 준비해야 한다는 것은 전력의 기동화를 위해 미리 전쟁용 말을 길러야 함을 강조한 것이다. 이 또한 전력의 기동성을 착안한 점에서 그의 선견을 알 수 있다. 끝으로 교화를 밝혀야 한다는 것은 국민의 윤리의식을 제고해야 한다는 말이다. 이는 나라를 지킬 때 정신력이 중요함을 말한 것이다. 전쟁은 무기만으로 이길 수 있는 것이 아니다. 중요한 것은 전쟁터에서 싸우는 군사의 정신과 의지다. 왜 목숨을 바쳐 싸워야 하는지 가치관과 목적의식이 분명해야 한다. 율곡이 군사의 정신력을 강조한 것 또한 탁월한 견해라고 볼 수 있다. 이처럼 율곡은 당시 안보정세의 심각성을 우려하고, 이에 대한 국방 대비책을 종합적으로 제시한 것이다.

그 해 4월 어느 날, 율곡은 경연經筵에서 10만 양병의 설을 선조에게 개진한다. 나라의 형세가 부진함이 극도에 달해 10년 못 가서 토붕土崩의 화가 있을 것이라 경고했다. 그리고 율곡은 미리 10만의 군사를 길러서 도성都城에 2만 명을 배치하고 각 도에 1만 명씩 배치해, 그들의 조세를 덜어주고 무재武才를 훈련시켜, 6개월로 나누어 교대로 도성을 지키게 하다가 변란이 있을 경우에는 10만 명을 합해 지키게 해서 위급할 때 방비로 삼아야 한다고 건의했다. 만약 이같이 하지 않으면 갑자기 변이 일어날 경우, 하루아침에 시민을 몰아 전투하게 되어, 결국 대사가 끝나고 말 것이라고 했다.

이러한 율곡의 건의에 대해 유성룡柳成龍은 아무 일이 없을 때 군사를 양성하는 것은 곧 화단禍端을 양성하는 것이라며 반대했다. 이뿐만 아니라 그 자리에 있던 다른 사람들도 유성룡의 말에 동조해 율곡은 무안을 당한 셈이 되었다. 율곡은 밖에 나와 유성룡에게 "속유俗儒들이야 진실로 시의時宜를 알지 못해서 그렇다지만 공도 또한 그런 말을 하는가?" 하고 유감을 표시했다. 1592년에 임진왜란이 일어나자 유성룡은 탄식하며 "이문성李文成(율곡)은 참으로 성인이었다."고 술회했다.

이와 같이 율곡은 당시 조선을 둘러싼 내외정세를 분석하고 이에 대한 대비책으로 10만 양병을 주장했다. 그러나 태평한 시대에 군사를 강화함은 도리어 화단을 양성하는 것이라는 비난 앞에 그의 주장은 쓸모없는 것이 되고 만 것이다.

「육조계六條啓」나 '십만양병설'은 율곡이 세상을 떠나기 꼭 1년여를 앞두고 주장한 것이다. 자신의 육신은 비록 만신창이가 되어 죽음을 향해 갔지만, 나라와 백성의 안위를 염려하는 뜨거운 충정은 변함이 없었다. 1584년 1월 14일에는 전방 근무의 명을 받은 서익徐益이 율곡에게 와서 인사를 하자, 붓조차 잡을 수 없는 몸을 부축 받아 앉아서 구술하고 아우인 이우에게 쓰게 해서 주도록 했는데 이것이 그의 마지막 글이다. 그 내용은 임금의 인덕仁德을 선양할 것, 번부蕃府(오랑캐)를 어루만져 포용할 것, 우리 임금의 위엄을 신장할 것, 배반한 오랑캐를 제압할 것, 사신들의 비용을 줄여 백성의 힘을 덜어 줄 것, 장수들의 재략을 미리 살펴 위급한 일에 대비할 것 등이었다. 이틀 뒤, 율곡은 49세를 일기로 세상을 마쳤다.

인간 율곡, 유지와 나눈 사랑

조선조 유교사회에서 남녀관계는 우리들의 관심을 끌기에 충분하다. 폐쇄된 남녀 관계 속에서도 인간의 순수한 사랑과 애정은 메마르지 않았다. 남녀 관계란 예나 지금이나 다르지 않으며, 동·서양을 막론하고 같다고 볼 수 있다.

문제는 유교의 엄격한 굴레 속에서 유학자들의 처신은 과연 어떠했는가 하는 것이다. 이에 대해서는 유학자들에게 얽힌 여러 일화가 전해온다. 개방된 이성 관계를 자유롭게 향유한 이도 있으며, 반면 엄격한 도덕률로 무장한 채 여자 보기를 돌같이 한 이들도 있다.

과연 율곡은 어떠했는가? 이에 대한 하나의 대답을 유지柳枝와 맺은 관계를 통해 알 수 있다. 유지는 황주기생으로 율곡이 황해도 관찰사를 지낼 때 시중을 들던 관기官妓다. 날씬한 몸매, 고운 얼굴, 총명한 머리를 지닌 여인으로 율곡의 사랑을 받았고, 유지도 율곡을 지극히 사모한 것으로 보인다.

1583년 율곡이 세상을 떠나기 겨우 3개월 전인 9월 28일, 황해도 재령 부근에 있는 강이 흐르는 밤고지 마을에서 율곡이 하루를 유숙하게 되었다. 그런데 밤늦게 누군가 방문을 두드리며 찾아왔는데, 그가 바로 10여 년 만에 보는 유지였다. 유지는 율곡을 사모한 나머지 소문을 듣고 먼 길을 달려와 율곡의 숙소를 찾은 것이다. 율곡도 반가운 마음으로 유지를 맞았고 두 사람은 밤늦게 대화하며 정을 나누었다. 이때 율곡은 유지에게 3편의 시를 써 주며, 정에서 출발해 예의에서 그친 뜻을 표현했다. 이화여대 박물관에 소장된 그의 시를 노산 이은상 선생의 번역으로 보기로 하자.

어허! 황해도에 사람 하나

맑은 기운 모아 신선 자질 타고 났네

뜻이랑 태도랑 곱기도 할 사

얼굴이랑 말소리랑 맑기도 하이

새벽하늘 이슬같이 맑은 것이

어쩌다 길 가에 버렸던고

봄도 한창 청춘의 꽃 피어날 제

황금 집에 못 옮기던가, 슬프다! 일색이여

처음 만났을 젠 상기 안 피어

정만 맥맥히 서로 통했고

중매 설 이가 가고 없어

먼 계획 어긋나 허공에 떨어졌네

이렁저렁 좋은 기약 다 놓치고서

허리띠 풀 날은 언제런고

어허! 황혼에 와서야 만나다니

모습은 그 옛날 그대로구나

그래도 지난 세월 얼마나 간지

슬프다! 인생의 녹음이라니

나는 더욱 몸이 늙어 여색을 버려야겠고

세상 정욕 재같이 식어졌다네

저 아름다운 여인이여!

사랑의 눈초리를 돌리는가?

내 마침 황주 땅에 수레 달릴 제

길은 굽이굽이 멀고 더딜레

절간에서 수레 머물고

강뚝에서 말을 먹일 제

어찌 알았으랴, 어여쁜 이 멀리 따라와

밤들자 내 방문 두들길 줄을

아득한 들 가에 달은 어둡고,

빈숲에 범우는 소리 들리는데,

나를 뒤밟아 온 것 무슨 뜻이뇨?

옛날의 명성을 그려서라네

문을 닫는 건 인정 없는 일

같이 눕는 건 옳지 않은 일

가로막힌 병풍이사 걷어치워도

자리도 달리 이불도 달리

은정을 다 못 푸니 일은 틀어져

촛불을 밝히고 밤새우는 것

하느님이야 어이 속이랴

깊숙한 방에도 내려와 보시나니

혼인할 좋은 기약 잃어버리고

몰래하는 짓이야 차마 하리오

동창이 밝도록 잠자치 않고

나뉘자니 가슴엔 한만 가득

하늘엔 바람 불고 바다엔 물결치고

노래 한 곡조 슬프기만 하구나

어허! 내 본심 깨끗도 할사

가을물 위에 찬 달이로고

마음에 선악 싸움 구름같이 일적에

그 중에도 더러운 것 색욕이거니

사나이 탐욕이야 본시부터 그른 것

계집이 내는 탐욕 더욱 고약해

마음을 거두어 근원을 맑히고

밝은 근본으로 돌아갈지라

내생이 있단 말 빈 말이 아니라면

가서 저 부용성에서 너를 만나리

이 시를 통해 율곡의 인간적인 면모를 짐작할 수 있다. 율곡도 유지를 좋아했고 유지도 율곡을 매우 사모했다. 당시 율곡은 죽음을 앞에 두고 육신은 만신창이었다. 이 시에는 정욕과 이성 사이에서 고뇌한 진정이 잘 표현되어 있다. '문을 닫

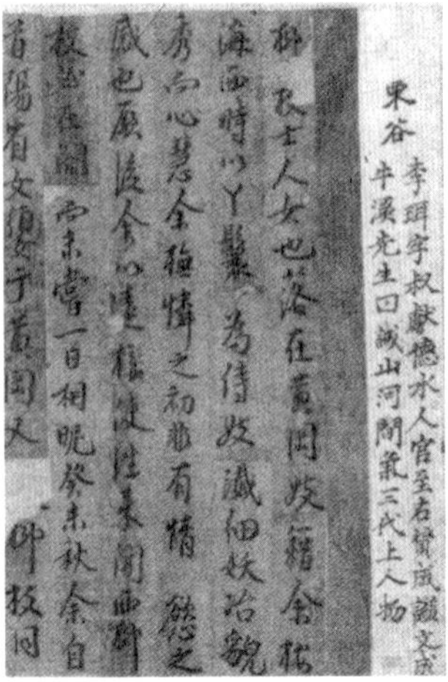
栗谷 李珥字叔獻德水人官至右贊成諡文成
牛溪先生曰識山河間氣三代上人物

유지에게 써 준 시.

는 건 인정 없는 일, 같이 눕는 건 옳지 않은 일'이라는 표현에서, 인정과 절제가 잘 어우러진 유학자 율곡의 인품을 볼 수 있다. 유지가 예쁘고 사랑스럽지만 냉정을 찾은 뒤, 본심의 평정을 유지하려는 그의 모습이 잘 드러나 있다.

3장

율곡의 저술과 학문

『성학집요』『격몽요결』「만언봉사」

퇴계에게 『성학십도聖學十圖』가 있듯이, 율곡에게는 『성학집요聖學輯要』가 있다. 이 책은 1575년, 율곡의 나이 40살 때 왕명을 받아 지어 올린 저술로 『대학』의 체계에 따라 유가의 경전과 선배 유학자들의 학설을 종합하고 자신의 견해를 덧붙인 것이다. 따라서 이 책은 일종의 유학 개론서라 할 수 있는데, 유학의 경전은 물론 송대 유학자들의 견해를 집대성하고 말미에 자신의 견해를 밝히고 있다. 이를 통해 유학자로서 율곡의 해박한 식견과 논리 정연한 이론을 볼 수 있다.

『격몽요결擊蒙要訣』은 율곡이 41살 때, 황해도 해주 석담에서 어린 아이들을 가르치기 위해 손수 지은 일종의 유아용 교과서라고 할 수 있다. 『격몽요결』이란 책의 뜻은 몽매함을 깨뜨리는 중요한 비결이라는 뜻인데, 이 책은 조선조 서당에서 유아교육용 교과서로도 많이 활용되었다.

「만언봉사萬言封事」는 율곡의 100여 편이 넘는 상소문 가운데 가장 대표적인 글로, 1574년 39살 때에 우부승지로서 임금에게 올린 글이다. 글자 수가 무려 만여 자가 되는 장문의 상소문인데, 여기에는 그의 현실 인식과 경세 대책이 논리 정연하게 잘 서술되어 있다.

「동호문답東湖問答」은 34살 때 왕명을 받고 지어 올린 것으로 문답체로 되어있는데, 그의 정치·교육·실학사상 등을 잘 알 수 있는 글이다. 특히 여기에는 율곡의 도학道學에 대한 이론과 무실務實사상에 대한 내용이 담겨 있다.

「답성호원서答成浩原書」는 율곡이 37살 때, 도우道友인 우계牛溪 성혼成渾과 성리학에 관해 논쟁한 글로, 율곡의 성리학 전반을 알 수 있는 대표적인 글이다. '호원浩原'은 성혼의 자字를 말한다. 이를 통해 그의 이기론, 사단칠정론 등 성리학에 대한 견해를 알 수 있는데, 그의 정밀한 이론 전개와 탁트인 논리에 감탄하게 된다. 따라서 이것은 율곡의 성리학을 이해하기 위해 반드시 읽어야 할 글들이다.

「천도책天道策」은 그가 23살 때에 과거시험을 본 논술고사 답안지로 그의 자연철학과 우주론이 잘 나타나있다. 또 「역수책易數策」은 그의 역리易理에 대한 견해와 자연철학을 알 율곡이 직접 쓴 『격몽요결』.

수 있는 글이며, 「사생귀신책死生鬼神策」「수요책壽夭策」「신선책神仙策」 등도 그의 인간과 자연, 그리고 우주론을 알 수 있는 귀한 자료들이다. 아울러 『경연일기經筵日記』는 율곡이 임금을 모시며 왕실에 근무하던 시절에 일어난 일들을 기록한 것으로, 그의 경세사상을 알 수 있는 자료다. 그 밖에 「학교모범學校模範」「은병정사학규隱屛精舍學規」「시정사학도示精舍學徒」「문헌서원학규文憲書院學規」는 『격몽요결』과 함께 율곡의 교육사상을 알 수 있는 글들이다.

또한 「서원향약西原鄕約」「해주향약海州鄕約」「사창계약속社倉契約束」「해주일향약속海州一鄕約束」 등은 그의 사회교육에 대한 견해를 알 수 있는 자료들이다.

특히 『순언醇言』은 율곡의 도가철학에 대한 입장과 견해를 알 수 있는 귀중한 저술로, 1974년에 발견되어 학계에 소개되었다. 그는 여기에서 노자의 『도덕경道德經』을 유학의 입장에서 해석하고 자신의 견해를 썼는데, 이를 통해 율곡의 도가에 대한 입장과 개방적인 학풍을 엿볼 수 있다.

율곡은 비록 채 50년도 못 살았지만, 그의 저술은 풍부한 편이다. 그것은 그의 타고난 총명함 때문이기도 하고 그가 일찍이 저술했기 때문이기도 하다. 그의 저술은 철학·정치·경제·법·행정·언론·사회·교육·군사·역사·문학 등 매우 다양한 분야를 망라하고 있다. 이는 오늘날 율곡학에 대한 연구 성과가 철학뿐 아니라 문학·역사·교육·정치·행정·법·언론·군사 각 분야에서 박사학위 논문이 나오고 있는 것으로도 입증된다. 이 점이 율곡학의 특징이고 장점이다.

열린 학풍

율곡은 조선조 유교사회의 경직된 풍토에서 활짝 열린 마음으로 학문을 했다. 퇴계만 하더라도 순수한 유학을 지켜야 한다는 신념이 매우 강해서 불교나 도가는 물론, 같은 유학 가운데서도 양명학이나 화담의 기학氣學조차도 용납하지 않았다. 이러한 조선조 유교사회의 경직된 학풍은 유학의 입장에서는 벽이단闢異端이라는 명분으로 미화되었지만, 학문의 자유와 발전에 큰 장애와 질곡이 되었다. 그래서 계곡谿谷 장유張維나 다산茶山 정약용丁若鏞 같은 뜻있는 유학자들은 우리 학문 풍토의 경직성을 신랄하게 비판한 것이다. 양명학만 해도 성리학과 같은 신유학인데도 이단학으로 배척된 것은 퇴계가 『전습록傳習錄』을 비판한 데서 비롯했다고 볼 수 있다. 당시 유학 풍토가 경쟁적으로 순정醇正 유학을 추구해서 다른 학문이나 사상을 받아들이는 것에 인색했던 것이다. 예컨대 박세당朴世堂, 윤휴를 이단 내지 '사문난적斯文亂賊'으로 몰아 유학계에서 단죄한 것도 당시 유학계의 경직된 풍토를 잘 말해주는 것이다.

그러나 율곡은 달랐다. 우선 그의 이단異端에 대한 견해를 보자. 율곡에 따르면 "이단이란 말이 어찌 반드시 불교·도가·육왕학陸王學만 그렇겠는가? 세간에서 선왕의 도를 비난하며 오로지 자기의 사사로운 욕구를 좇는 것은 모두 이단이다." 물론 율곡도 불교나 도가, 그리고 양명학을 이단시 한 것은 사실이다. 그러나 그 이단을 규정하는 기준을 선왕의 도를 비난하며 자기의 사사로운 욕구를 좇는 것에 두었다. 즉 외형상으로 도·불인지 아닌지가 중요한 것이 아니라, 유학을 비난하고 사사로운 욕구를 좇는 데 있다는 말이다.

율곡은 일찍이 불교서적을 읽었고 모친인 신사임당이 세상을 떠나자 3년 상을 치른 뒤, 19살의 몸으로 금강산에 들어가 1년여 동안 불교생활을 했다. 그가 머리를 깎았느냐 깎지 않았느냐가 시비 붙을 만큼 율곡의 출가 전력은 당시 반대파에게 비난할 빌미를 주었다. 그는 금강산에서 많은 스님들과 더불어 수도생활도 하고 불학에 탐닉하기도 했다. 그래서 율곡 스스로 "예부터 불교의 해독이 나와 같이 깊이 든 자는 일찍이 없었다."라고 고백할 정도로 불교에 대한 관심과 이해는 매우 컸다. 그리고 결국 1년여 만에 다시 강릉으로 돌아와 「자경문自警文」을 쓰고 유학자의 길을 결심한다. 율곡에게 불교는 더없이 좋은 사상적 자양분이 되었다. 그의 이기설만 하더라도 그 기조는 주자에 근거하지만 "리理 없는 기氣 없고 기 없는 리 없다."는 식의 논리 전개는 불교 냄새가 없지 않다. 아울러 그는 『율곡전서』 속에서 불경의 말씀을 인용하면서, 이는 불교의 말이지만 쓸모가 있어 인용한다는 식으로 활용하고 있다. 그는 우계에게 주는 「이기영理氣詠」이라는 시에서도 불교의 공병空甁의 설을 원용해 이기理氣의 묘용을 설명하고 있음을 스스로 밝혔고, 금강산에서 내려올 때 보응普應이라는 사람에게 준 작별시에서도 "도를 배울 때에 집착함이 없는 것이니, 인연을 따라 도처에서 노니노라."라고 읊어 유儒·불佛의 회통을 말했다. 이와 같이 율곡은 불교를 이단이라 하여 전면 배척하지 않고, 그 장점과 단점을 구별해 수용하였다.

또한 도가에 대해서도 무조건 배척하는 것이 아니라 비판적 입장에서 수용했다. 그는 노자老子의 『도덕경道德經』 가운데 유교와 가까운 2098언을 취해, 유학의 입장에서 해석하고 견해를 붙여 『순언醇言』이라는 책을 썼다. 1974년에 서울대 규장각에서 유칠로 교수(한남대)가 이 책을 발굴해 김길환 교수(전 충남대)가 처음으로 세상에 소개했다. 당시 유교 중심의 경직된 학문적 분위기 속에서 이러한 저술을 남긴 율곡의 자유분방한 학문적 개방성, 진리에 대한 열정과 용기를 『순언』을 통해 볼 수 있다.

醇言
栗谷先生鈔解口訣
一生二 二生三 三生萬物也
王子曰道卽易之太極 一乃陽之奇 二乃陰之耦
之積其曰二生三 揩所謂二與一爲三
乃奇耦之耦合而萬物生也
也其曰三生萬物卽奇耦
天地之間이 其猶橐籥乎띠
董氏曰橐鞴也籥管也能受氣鼓風之物天地之
閒二氣往來屈伸猶此物之無心虛而能受應而
不藏也
虛而不屈ᄒ야 動而愈出ᄒ리어니

『순언』 사본.

그 밖에도 그의 「이일분수부理一分殊賦」에는 노자의 『도덕경』에 있는 '탁략橐籥'이라는 말이 나오고, 「역수책易數策」에서는 '자연自然'이라는 용어가 자주 보이며, 「천도책天道策」에서는 장자적莊子的 표현이 나타나 있음을 알 수 있다.

퇴계는 양명학陽明學도 용납하지 않았지만, 율곡은 「학부통변발學蔀通辨跋」에서 양명학을 무조건 반대하지 않고, 그 공을 취하고 허물은 약略하는 것이 충후忠厚한 도리라고 했다. 즉 다른 사람의 사상을 무조건 배척하기보다는 자신의 연구가 얼마나 깊으며 평소 학술과 덕업이 얼마나 후세에 자랑할 만한지를 먼저 비판하려고 했다.

육왕학자인 중국 사신 황홍헌黃洪憲이 우리나라의 학문을 알아보기 위해 『논어』의 '극기복례克己復禮'에 대해 물었을 때, 율곡은 "사람이 모두 이 본심을 갖추지 않은 이가 없지만, 어질지 못한 까닭은 사욕私欲이 은폐하는 데 말미암은 것이다. 사욕을 제거하고자 한다면 모름지기 몸과 마음을 가다듬어 한결같이 예禮를 따른 연후에야 자기를 이길 수 있고 예로 돌아갈 수 있다."고 해석했다. 이처럼 그는 양명학의 심학을 능히 이해해 주자학의 본령을 유감없이 드러냈고, 양명의 '본심'과 주자의 '예절'을 조화시킴으로써 중국의 양명학자들을 흡족케 했다.

또한 화담花潭 서경덕徐敬德의 기학에 대해서도 퇴계는 지나칠 만큼 평가절하 하지만, 율곡은 화담이 독창의 맛이 있고 리理와 기氣가 오묘하게 합해 있는 경지를 통찰하고 있다는 점에서 높이 평가했다. 다만 화담이 남보다 지나치게 총명해 중후한 맛이 부족하고, 그 독서와 궁리가 문자에 거리끼지 않고 자신의 견해를 드러내는 주관이 많다고 평가했다. 이처럼 그는 화담의 장점과 단점도 구별해 비판적으로 수용하고 있다. 이러한 율곡의 넉넉하고 개방적인 학풍은 훗날 기호학파가 성리학·예학·실학·양명학·인물성동이론人物性同異論·의리학 등으로 다채롭게 전개되는 데 크게 기여한다. 이는 영남의 퇴계학파가 주자학 일색으로 단조로운 것과는 구별되는 점이다.

성리학이란 무엇인가?

　율곡은 유학자며 성리학자다. 이때 성리학이란 무엇을 말하는가? 춘추전국시대 공자·맹자의 유학은 중국의 역사 속에서 여러 가지 모습으로 변전해 왔다. 진시황의 분서갱유焚書坑儒로 수난을 당한 뒤, 한漢나라의 유학은 훈고학訓詁學으로 드러났다. 그것은 잃어버린 유학의 경전을 다시 찾고 꿰매고 보완하는 일종의 고증학이었다. 그 뒤로 유학은 중국대륙이 위진남북조魏晉南北朝시대를 지나 수隋, 당唐시대를 거치는 동안 불교나 도가에 밀려 주류에서 벗어나 있었다. 송대宋代가 시작될 때까지 무려 1천여 년 동안 유학은 지식인들의 관심에서 벗어나 있었다.

　당말唐末, 송초宋初 지식인들 사이에서 유학을 새롭게 평하고, 불교나 도가와 교섭해 유학이 변신하기 시작했다. 종래 사서삼경의 유학을 새롭게 해석해 더욱 철학적이고 논리적인 학문으로 탈바꿈했다. 이러한 작업을 주도한 이는 송나라 초기의 주렴계周濂溪·장횡거張橫渠·정명도程明道·정이천程伊川·주자朱子 등이다. 특히 주자는 타고난 철학적 자질과 풍부한 식견, 그리고 성실한 연구를 통해 성리학의 체계를 종합하고 완성했다. 그래서 우리는 '성리학'을 곧 '주자학'이라고도 부르고 정명도·정이천·주자의 성을 함께 불러 '정주학程朱學'이라고도 부른다.

성리학性理學이란 말에는 여러 가지 의미가 담겨 있지만, 단순하게 설명하면 '인간 본성의 이치를 탐구하는 학문'이라고 규정할 수 있다. 성리학의 주된 주제는 신도 아니고 자연도 아닌 인간의 본성이다. 성리학은 인간 본성·마음·감정의 세계를 철학적으로 조명하는 학문이다. 인간 본성의 근원을 찾자니 우주자연이 문제가 되고 하늘이 문제가 된다. 그래서 성리학은 인간과 자연의 합일을 추구한다.

성리학을 제대로 이해하려면 이기론理氣論을 알아야 한다. 이기론은 성리학을 설명하는 방식이기도 하다. 공자·맹자를 중심으로 한 사서삼경의 유학에서는 이기론이 없다. 송대 성리학에 와서야 이기론이 등장한다. 『주역』「계사전繫辭傳」의 '형이상자위지도形而上者謂之道 형이하자위지기形而下者謂之

器' 를 성리학에서는 형이상자를 리理, 형이하자를 기氣로 해
석했다. 즉 이 세계는 인간이든 사물이든 형이상하가 하나라
고 본다. 형이상자인 리와 형이하자인 기로 이루어진 세계가
성리학의 세계 인식이자 존재관이다. 예를 들면 사과나무가
울창하게 가지를 뻗고 잎이 무성하고 사과가 주렁주렁 열려
아름답게 보이는 것은 기의 세계다. 그리고 그 이면에 보이지
않는 땅 속에는 뿌리가 있어 드러난 가지와 잎과 열매를 가능
하게 하는데, 이것이 바로 리의 세계라는 것이다. 그러나 드
러난 가지, 잎, 열매와 숨어 있는 뿌리는 결코 둘이 아닌 하나
로 존재한다.

시계를 생각해 보자. 시계에는 시계가 될 수 있는 이치가
있다. 그것은 일종의 시계의 원리이며 설계도라고 할 수 있
다. 이치는 모양도, 소리도, 냄새도, 색깔도 없다. 따라서 보
고 듣고 만질 수도 없어 우리들의 감관에 포착되지 않는다.
그래서 형이상자라 한다. 그러나 시계의 이치만 있다고 시계
가 되는 것은 아니다. 시계의 이치란 하나의 관념일 뿐이다.
시계는 시계의 이치대로 형성되고 구성되어야 한다. 이때 시
계의 이치대로 만들 수 있는 일체의 재료, 도구, 기술 등을 시
계의 기라고 할 수 있다. 시계의 이치가 현실로 나타나고 구
상화될 수 있는 것은 기 때문이다. 시계의 이치를 담고 있는
그릇과 같은 것이 바로 기다. 시계의 이치대로 만들어졌기에

우리는 그것을 보고 만지고 시곗바늘이 돌아가는 모습을 눈으로 확인할 수 있다. 여기에서도 시계의 이치와 시계를 만드는 재료들은 따로 떨어진 것이 아닌 하나로 존재한다. 이처럼 보이는 현상세계에 대한 설명은 그래도 이해하기 쉽다.

성리학에서는 보이지 않는 비물질적 세계도 하나의 존재로 보고, 리와 기로 되어 있다고 본다. 즉 인간의 마음이나 본성, 그리고 감정이나 의지도 리와 기로 되어 있다는 것이다.

마음을 가지고 생각해 보자. 마음에도 이치가 있다는 것은 이해가 되지만, 마음의 기란 어떻게 이해할 것인가? 결국 마음의 기란 마음의 이치를 담은 그릇이다. 내 마음과 남의 마음이 다르고, 내 마음도 어제와 오늘 다르다. 즉 시간과 공간에 따라 다른 것이다. 컵의 물과 양푼의 물은 똑같은 물이지만 그릇이 다르듯이, 마음의 이치는 같지만 마음을 담고 있는 그릇은 다르다.

감정의 경우를 생각해 보자. 아름다운 꽃을 보면 기쁜 감정이 드러난다. 꽃을 보고 마음이 움직이는 것은 기가 작용했기 때문이다. 그리고 마음의 작용을 가능케 하는 것은 리다.

성리학은 인간 본성의 실현, 인간 본연의 모습대로 살고자 하는 것에 목적을 두었다. 이를 위해서는 먼저 자신의 본성을 인식하고 윤리적 표준을 바르게 이해하며 대상세계를 널리, 그리고 깊게 알아야 한다. 이것을 『대학』에서는 격물치지格

物致知라 하고 성리학에서는 궁리窮理라 한다. 또한 마음공부를 통해 실천궁행해야 한다. 이것을 『대학』에서는 성의정심誠意正心이라 하고, 성리학에서는 거경居敬이라고 한다. 전자는 지知의 공부라면 후자는 행行의 공부다. 지행이 하나가 되는 공부를 통해 건전한 자아를 실현하고 군자가 되고 대인이 되어야 하는 것이다.

성리학은 공맹유학, 사서삼경의 유학을 이기론으로 재해석한 철학이자 유학이다. 따라서 체계가 더 논리적이며 더 철학적인 학문이 되었다고 볼 수 있다.

이기지묘

철학자마다 자신의 핵심적인 화두가 있기 마련이다. 율곡의 철학이 무엇이냐고 묻는다면 어떻게 말해야 할까? 율곡의 철학을 대표하는 개념으로 이기지묘理氣之妙, 기발이승氣發理乘, 이통기국理通氣局이 있다. 이 세 가지 개념은 상호 소통되고 연결되어 율곡철학을 이룬다.

'이기지묘'란 리와 기가 오묘하게 합해 있다는 말로, 이기묘합과 같은 말이다. 율곡이 처음 사용한 말은 아니고, 이미 중국 당나라 아부구亞父丘 공이 풍수지리를 설명하는 가운데 썼으며, 조선조 초에 정여창鄭汝昌, 조광조趙光祖, 송기수宋麒壽, 서경덕徐敬德 등이 간헐적으로 사용한 말이기도 하다.

그러나 이기지묘를 자신의 철학 핵심으로 삼고 이를 철학

체계로 삼은 이는 율곡이다. 율곡은 이 세계의 만사만물은 모두 리와 기가 오묘하게 합해 있다고 보았다. 형이상자와 형이하자가 하나의 존재양태라는 말이다. 특히 율곡은 리와 기가 어느 시간적 계기(특정한 시기에)로 합해진 것이 아니라, 본래 합한 상태라는 점을 강조했다. 그러므로 리와 기는 시간의 선후가 없고 공간의 간극間隙도 없다는 것이다. 리는 형이상자고 기는 형이하자로 서로 다른 둘이지만, 하나의 양상으로 존재한다. 바꿔 말하면 하나의 존재양상으로 있지만 그 속에서 리는 리고 기는 기로 구별해 보지 않으면 안된다. 이러한 논리를 그는 '하나이면서 둘이요 둘이면서 하나(一而二 二而一)'라고 불렀다. 존재 자체로 보면 리와 기는 구별할 수 없는 하나지만, 그것을 개념이나 가치로 나누어 보면 리와 기는 엄연히 구별된다는 것이다. 율곡은 이러한 존재의 오묘한 비밀을 통찰한 것이다.

그런데 이기지묘는 리와 기의 가치적 조화를 의미한다. 이기는 본래 존재를 설명하는 용어지만 가치개념으로 전환해 사용하기도 한다. 리가 윤리와 정신의 가치를 말한다면, 기는 경제와 물질의 가치를 의미한다. 또 리가 이상적 가치를 말한다면, 기는 현실적 가치를 말한다. 따라서 이기지묘는 정신과 물질의 조화, 윤리와 경제의 조화 정신을 담고 있다. 아울러 이기지묘는 이상과 현실의 조화, 지행의 조화, 이론과 실천의 조화를 의미하는 것이다.

율곡은 존재세계에서만 리와 기를 요구한 것이 아니라, 가치세계에서도 리와 기의 조화를 추구했다. 이러한 정신은 균형 잡힌 시각으로 현대에 매우 중요한 의미를 갖는다.

또한 이기지묘는 상보성相補性의 원리를 담고 있다. 율곡은 모든 존재가 리 없는 기가 없고, 기 없는 리가 없다고 생각한다. 리가 있으면 반드시 기가 있어야 하고, 기가 있으면 반드시 리가 있어야 한다. 이때 리와 기는 상보적 관계에 있다. 리나 기는 혼자서는 불완전하다. 반쪽일 뿐이다. 이러한 상보성의 논리는 『주역』의 음양철학과도 같은 맥락이다. 음이나 양은 혼자서는 불완전하기 때문이다. 상대의 보구補救를 통해 비로소 완전해진다. 리는 기를 통해, 기는 리를 통해서만 온전해진다. 따라서 양자는 존재론에서 대등한 가치를 지닌다.

이 세상에 수많은 가치들, 주의나 주장들은 서로 대립한다. 서로 대립되는 두 가지 가치는 모순관계가 아니라 상호보완관계다. 나와 다르다고 싸우거나 갈등할 것이 아니라, 자신의 부족한 점을 보완해주는 고마운 존재라는 인식이 필요하다. 오늘날 우리 사회는 이편, 저편, 진보와 보수로 나뉘어 갈등한다. 곳곳에 갈등과 반목의 위험이 도사리고 있다. 대화하고 조화롭게 지내지 못하고 서로 부정하고 싸움판을 벌인다.

나와 마주 서 있는 상대를 이해하고 배려하는 마음이 필요하다. 이기지묘는 사랑의 철학이며 평화와 조화의 철학이다. 상대의 존재를 인정할 때 대화는 시작되고 소통이 가능하다. 대립과 반목의 갈등을 이기지묘의 철학으로 풀어야 한다.

기발이승

기발이승이란 '발發(작용)하는 기 위에 리가 올라타 있는 존재 자체'의 모습을 표현한 말이다. 이 말은 본래 퇴계와 고봉의 사단칠정 논변에서 퇴계가 만년 정론으로 내놓은 '사단四端 이발이기수지理發而氣隨之 칠정七情 기발이이승지氣發而理乘之'라는 설명에서 연유한다. 즉 사단은 리가 발함에 기가 따르는 형식이고, 칠정은 기가 발함에 리가 그 위에 올라타 있는 형식이라는 말이다. 퇴계는 사단과 칠정이 비록 같은 인간의 감정이지만, 그 존재 형식은 다르다고 표현했다. 사단은 순수한 도덕 감정으로 마음속의 도덕적 이성이 발동한 것인데, 이때 리가 주도적 역할을 하고, 기는 아무런 영향을 미치지 못하고 리를 따르므로 순선한 감정이 된다는 말이다. 반면

칠정은 기에 근거한 감정으로 리의 주재를 받는 감정도 있고 그렇지 않은 경우도 있다. 따라서 칠정은 선할 수도, 악할 수도 있다는 것이다.

이에 대해 율곡은 고봉의 입장에서 퇴계의 이러한 이원적인 감정론을 비판하고 반대한다. 율곡에 따르면 사단이나 칠정 모두 인간의 같은 감정으로 그 존재론적 구조는 기가 작용하는 것이고, 리는 그 기의 작용을 주재한다는 것이다. 다만 사단은 칠정 가운데 선한 감정일 뿐이라고 보았다. 퇴계는 사단이라는 도덕적 특수 감정과 칠정이라는 일반 감정을 가치론적으로 엄격히 구별해 보고자 했지만, 율곡은 존재론적 시각에서 사단이나 칠정의 이기론적 형식을 일원화한다.

여기에서 율곡은 퇴계가 사단을 '이발이기수지理發而氣隨之'라고 표현한 것에 대해 신랄하게 비판하고 있다. 그 이유는 두 가지로 압축된다. 하나는 형이상자인 리는 절대로 발할 수 없다는 것이다. 만약 리가 시간과 공간에 따라 변하고 달라진다면, 이는 이미 리로 볼 수 없다는 것이다. 리는 시간과 공간에 관계없이 보편성을 지닌다. 예컨대 인간의 이치란 삼국시대나 고려시대나 현대나 같은 것이고, 아프리카인이나 미국인이나 한국인이나 다름이 없다. 그런데 퇴계처럼 리의 발을 말한다면 성리학의 대전제이며 기초가 무너지게 된다. 물론 퇴계가 말하는 본의가 무엇인지는 짐작할 수 있지만, 적어도 표현상의 무리는 비판받지 않을 수 없다. 또 퇴계는 본체 상에서는 리가 작용하지 않지만, 현상적 측면에서는 작용한다고 보았다. 이렇게 보는 것은 율곡과 다름없는 이기 설명이다. 리의 용 측면이란 이미 기의 관계에서 하는 말이며 그것은 리 자체의 작용이 아니라, 기 작용에 따른 간접적 작용일 뿐이다. 만약 퇴계가 리의 발과 기의 발을 각기 다른 의미에서 사용한 것이라면 마땅히 다른 표현을 써서 구별했어야 옳다.

율곡이 퇴계의 '이발이기수지'를 비판하는 또 다른 이유는 리가 발함에 기가 따른다는 표현은 리가 먼저고 기가 나중이라는 시간적 선후 관념을 초래한다는 것이다. 물론 퇴계에 의해 그런 의미가 아니라고 설명되지만, 적어도 표현상의 흠은 그대로 남는 것이다.

율곡은 이러한 퇴계의 이기호발설理氣互發說, 즉 '이발이기수지理發而氣隨之 기발이이승지氣發而理乘之'가운데 '기발이이승지' 하나만을 자신의 존재형식으로 삼는다. 율곡에 따르면 우주자연이나 인간의 심성 모두 기발이승氣發理乘의 형식일 뿐이라고 결론짓는다. 자연현상도 그 작용과 변화는 모두 기의 소산일 뿐이고, 리는 그 기의 배후에서 기의 운동과 변화를 주재하고 가능하게 한다는 것이다. 즉 리는 스스로 작용하지 않으면서 기의 운동변화를 가능하게 한다. 일종의

'부동不動의 원동자原動者'인 셈이다. 이처럼 율곡은 자연현상과 인간세계의 모든 현상을 기발이승이라는 하나의 논리로 일관했다. 이를 그의 기발이승일도설氣發理乘一途說이라 한다. 퇴계처럼 두 가지 존재 형식이 아니라 기발이승 하나의 존재형식이라는 점에서 그렇게 부르는 것이다. 그래서 기발이승은 퇴계가 사용한 말이지만, 율곡이 철학화하고 자신의 철학으로 정립했다.

그러면 기발이승이 담고 있는 의미는 무엇일까? 우선 기발이승은 존재 자체를 표현하는 말이다. 이 세상의 모든 존재, 그것이 자연현상이든 사물세계든 인간의 심성이든 관계없이 모두 '발하는 기 위에 리가 올라타 있는' 존재 형식이라는 표현이다. 여기에서 발하는 것은 기고, 기 스스로 발하게 하는 것이 리다. 따라서 기가 아니면 발할 수 없고 리가 아니면 기의 발용 자체가 불가능하다. 율곡은 이를 설명하면서 공자 같은 성인이 다시 태어나도 이 말은 바꿀 수 없다고 확신했다. 퇴계가 사단칠정을 설명할 때 가치론적인 관점이 지배적이지만, 율곡은 순수한 존재론적 시각에서 보기 때문에 시비는 불가피했던 것이다.

사단의 경우에 퇴계는 리가 작용함에 기가 이를 따르는 형식의 감정이라고 설명했다. 그러나 율곡은 측은한 감정의 경우만 하더라도 가난과 추위에 떠는 불상한 노파를 보고 측은

한 감정이 생기는 것은 어디까지나 기의 작용이지 리가 작용하는 것은 아니라고 한다. 먼저 기 스스로 어떤 대상세계를 인식해야 하는데, 이때 리는 그 기의 작용을 주재하고 또 그것을 가능케 하는 근본이 된다는 것이다. 이처럼 기발이승은 율곡이 존재를 설명하는 형식이다.

또한 기발이승은 이 세상에 존재하는 모든 것, 그것이 자연이든 인간이든 관계없이 실현·실천하는 주체는 기이고, 리는 그 실현과 실천의 방향이고 원칙이며 내용이라는 것이다. 이러한 율곡의 생각은 퇴계를 비롯한 주리론 철학자들이 강조한 리의 중요성, 리의 절대성에 대한 하나의 반성적 의미를 갖는다. 물론 율곡에게서도 퇴계에서와 마찬가지로 리의 원칙성과 보편성, 그리고 이념적 표준이 무시되는 것은 아니지만, 종래 리보다 가치가 폄하되고 무시된 기의 가치와 위상에 대한 새로운 모색이라는 점에서 중요한 의미를 갖는다. 즉 리도 중요하지만 기도 중요하다는 인식이다. 왜냐하면 어떠한 이념이나 도덕적 선도 그것이 현실에서 실현되고 실천되지 않는다면 무의미하기 때문이다. 이때 그 실현·실천의 주도권이 기에 있다.

그렇다면 리는 기의 실현·실천에 아무런 역할이나 기능도 발휘하지 못하는 무능한 존재인가? 율곡에 따르면 그렇지 않다. 리는 스스로 움직이거나 작용할 수 없지만, 기의 운동과 역할에 일정한 영향을 미칠 수 있기 때문이다. 앞서 설명한 대로 율곡에게서는 이기理氣가 공동운명체인 까닭에 본체상에서나 현상계에서나 리와 기는 서로 분리되어 존재할 수 없는 유기적 존재이자 공동운명체다. 기가 어떠한 모습으로 현실화되고 어떠한 내용으로 실현되는지는 리와 밀접한 관계가 있다. 다시 말하면 리도 기에 영향을 미치고, 기도 리에 영향을 미친다.

인간의 경우 도덕적 이성에 따라 인간의 행위가 결정된다면 바람직하겠지만, 실제로 인간에게서 기가 반드시 리의 주재대로 움직이지는 않는다. 퇴계식의 논리는 하나의 요청일 뿐, 현실적으로 그대로 보증되는 것은 아니다. 이렇게 볼 때, 율곡의 생각은 퇴계보다 훨씬 현실적이라는 생각에 도달한다. 율곡의 기발이승은 활활발발活活潑潑하는 현상계를 대변하는 철학적 화두라고 볼 수 있다.

이 세계는 고요히 침묵하는 정적靜的인 세계만은 아니다. 오히려 자연세계나 인간세계 할 것 없이 모두 시시각각 변하고 생동하는 세계다. 생기고 낳고 변하고 없어지는 그러한 세계다. 이러한 동적인 세계관을 율곡은 기발이승의 세계로 보았다. 변화의 당체는 분명 기다. 시간과 공간의 변화는 기의 실상이다. 율곡은 기의 변화성을 중시해 기의 능동성과 변화성을 발전과 진보의 동력으로 삼는다. 사실 퇴계에게서 기 변화는 위험천만한 것으로 인식되기 일쑤다. 리의 선함과 순수성을 훼손하고 오염시키고 타락시키는 요소로 간주되었다. 그러기에 기를 부정적으로 인식했다. 마치 어린 아이 손에 들려 있는 날카로운 칼을 보는 불안과 경계가 퇴계의 기에 대한 생각이다. 칼을 쥐고 있는 어린 아이에게서 장차 무슨 일이 일어날지 모른다는 불안과 공포 속에서 기를 경계하는 것이다.

그러나 율곡은 이러한 퇴계의 기에 대한 우려와 경계를 일거에 반전해 본다. 그것은 기의 약점을 오히려 장점으로, 그리고 기회로 삼는 논리라고 볼 수 있다. 현실세계는 어차피 기의 세계라고 볼 수 있다. 우리 앞에 펼쳐진 자연세계도 그렇고 인간의 심성세계도 마찬가지다. 잠시도 그냥 정체하지 않고 변하는 세계다. 유학에서는 발하지 않는 미발未發의 세계를 운위하지만 이는 하나의 관념이고 이상일 뿐, 현실은 움직이고 변하는 세계다.

율곡은 기의 능동성과 변화성, 그리고 실천성을 중시한다. 어떠한 리도 그것이 실현되지 않는다면 하나의 이상이며 관념일 뿐이다. 그리고 리는 기를 통해 구상화되어 우리 곁에 드러난다. 그것이 어떠한 존재인지 인식하게 되는 것은 기를 통해 드러나기 때문이다. 이 기의 역할과 위상에 대해 다시 한번 일깨워 준 이가 바로 율곡이다. 그렇다고 율곡을 리보다 기를 강조한 주기론자主氣論者라고 규정해서는 안 된다. 그것은 율곡

자신도 전통적인 유학의 틀을 결코 벗어나지 않았기 때문이다.

유학은 결국 리의 가치를 기보다 중시한다. 예컨대 맹자의 말처럼 우리에게 중요한 두 가지 중 하나는 생生이고 하나는 의義다. '생'은 생존욕구고 '의'는 도덕 욕구다. 생은 살기 위해 필요한 의식주를 포함하는 물질과 경제 가치를 일컫는 말이고, 의는 도덕·윤리·올바름의 가치를 말한다. 이 두 가지 가치를 함께 병행해 추구하고 겸비하는 것이 이상적이지만, 만약 양자택일을 해야 한다면 유학의 입장에서는 분명 생을 버리고 의를 취해야 한다고 본다. 이는 공자에게서 '살신성인殺身成仁'으로 나타난다. 몸을 죽여 인仁을 이룬다는 말이다. 맹자의 생을 버리고 의를 취한다는 '사생취의舍生取義'는 공자의 '살신성인'을 달리 표현한 것이다. 이처럼 유학은 결국 도덕 가치를 중시하는 것이며, 이는 성리학적으로는 리를 중시하는 것으로 해석된다.

그러나 율곡에 따르면 리와 기를 함께 생각하고, 리의 가치와 기의 가치를 아울러 추구하는 것이 이상이다. 다만 만약 둘 가운데 하나만 선택해야 한다면 기를 버리고 리를 선택해야 한다는 논리가 가능하다. 이러한 율곡의 철학이 '이기지묘'로 언표되고, 또 '기발이승'으로 표현된 것이라고 할 수 있다. 기발이승은 현실태로서 기의 위치를 확고히 하고, 리 중심의 가치관에 대해 하나의 보완적 의미를 갖는다고 할 수 있다.

이통기국

이통기국은 '이기지묘' '기발이승'과 더불어 율곡철학을 설명하는 대표적인 용어다. 리는 두루 통하고, 기는 국한되고 제약된다는 말이다. 이것은 리는 형상이 없는 형이상자요, 기는 형상이 있는 형이하자라는 율곡의 이기개념에서 도출한 것이다. 리는 형상이 없으므로 시간과 공간에 관계없이 언제, 어디서나 두루 통한다. 즉 보편성을 띤다. 인간의 본성, 즉 이치는 예나 지금이나 똑같다. 사람의 이치는 과거, 현재, 미래에 모두 같은 것이지 시간과 장소에 따라 다른 것이 아니다. 백인이나 흑인이나 한국 사람이나 인간의 이치는 같다. 또 수천 년 전의 인간이나 조선시대의 인간이나 현재의 인간이나 인간의 이치는 같다. 이처럼 이치는 시간과 공간을 벗어나 보편하다는 것이 이통理通의 뜻이다.

또한 기는 형상이 있으므로 시간과 공간에 제약받고 국한된다. 기의 변화는 곧 시간과 공간의 변화를 의미하는 것이기도 하다. 문제는 리와 기가 잠시도 떨어져 있는 것이 아니라 함께 존재한다는 것에 있다. 리의 보편성도 기의 제약을 받는다. 사람의 이치는 모두 똑같지만, 그가 언제 살고 어디에 있는가에 따라 달라진다. 성격이 다르고 키가 다르고 생김새가 다르기 마련이다. 즉 보편성과 특수성을 함께 공유하게 되는 것이다. 인간에게는 모두 같은 점이 있지만 얼굴이 다르고 성격이 다르다.

이통기국은 리의 보편성과 기의 국한성을 하나로 표현한 것인데, 이는 리와 기가 결코 분리될 수 없기 때문이다. 이기지묘의 또 다른 표현이 이통기국인 셈이다. 율곡은 이통기국을 설명하면서 이는 자신의 독창이라고 자부심을 강하게 표현하기도 했다. 이는 아마도 '이통기국'이라는 말 자체가 갖는 독창성에서 연유하는 말이기도 하고, 이 속에 담긴 깊은 철학적 의미에서 나온 말이기도 하다. 혹자는 율곡의 이통기국이란 말이 불교철학의 화엄華嚴에서 온 것이라고 말하지만, 용어 자체뿐만 아니라 불교 화엄의 이사理事와 율곡의 이기理氣가 동일한 개념이 아니라는 점으로도 이해할 수 있다. 그러나 율곡이 불교에 깊이 침잠한 사실로 미루어 보면, 불교 화엄에서 어떠한 힌트를 받았으리라는 점도 부인하기 어렵다.

하지만 율곡의 이통기국은 그 연원을 보면 오히려 송대 성리학의 이일분수설理一分殊說에서 영향을 받았다고 보는 것이 타당할 것 같다. 그것은 그가 이통기국을 설명하는 가운데 이일분수理一分殊와 연관해 설명하는 데서도 잘 알 수 있다. '이일분수' 란 리의 관점에서 보편성과 특수성을 하나로 통일해 표현한 말이다. 즉 리는 본래 하나지만 그것은 나뉘어 다양하게 드러난다는 것이다. 이때 리가 하나인데 나뉘어 여러 가지로 다르게 나타나는 것은 기의 관계에서 연유한다. 리는 본래 하나지만 그 리가 어떠한 기를 만나고 어떠한 기 속에 있느냐에 따라 리도 달라지기 때문이다. 물론 리가 근본적으로 달라진다는 의미가 아니라 기와 맺은 관계 속에서 간접적인 차이가 생긴다는 뜻이다.

율곡은 이러한 이통기국의 논리를 예를 들어 쉽게 설명한다. 모나고 둥근 그릇이 다르지만 그릇에 담긴 물은 같은 물이며, 병이 크거나 작아도 그 속에 들어 있는 공기는 같은 공기라고 한다. 그릇의 모양이 둥근지 모났는지 하는 것은 기국氣局의 문제고, 그 속에 똑같은 물이 들어 있는 것은 이통理通이라는 말이다. 마찬가지로 병이 크고 작음은 기국의 문제지만, 그 병속에 들어있는 공기의 보편성은 이통이라는 말이다. 그런데 이때 그릇과 물, 병과 공기가 떨어질 수 없는 관계이

듯, 리의 보편성과 기의 국한성도 하나의 존재 양상이다.

그런데 이통기국은 단순히 이러한 존재상의 의미에 머무는 것이 아니다. 이통기국의 의미를 더욱 확장해 활용해 볼 수 있다. 오늘날 우리는 세계화시대에 살고 있다. 언어의 세계화, 문화의 세계화, 상품의 세계화 등, 모든 면에서 우리는 세계적 보편성을 추구하지 않을 수 없다. 그러나 우리는 각기 다른 민족이 지닌 특수성과 문화, 그리고 역사와 지역에 따른 특수성을 지니며 살고 있다. 여기에서 우리는 자국민만이 지니는 문화의 독자성과 정체성을 존중하며, 다른 측면에서는 자국의 한계를 뛰어넘는 세계적 보편성을 추구해야 한다. 민족의 정체성과 세계적 보편성을 함께 추구해야 하는 현실에서 율곡의 이통기국은 이러한 문제해결의 실마리를 제공한다. 이통도 중요하고 기국도 중요하듯이, 자국의 정체성도 중요하고 국제적 보편성도 중요한 것이다. 이러한 논리는 이 밖에도 얼마든지 여러 가지 측면에서 원용해 활용할 수 있다.

인간의 심성세계로 볼 때 인간은 누구나 보편적인 인간성을 추구해야 하지만 각자 지닌 개성도 중요하다. 여기에서 양자의 갈등과 충돌이 아닌, 인간의 보편성과 개인의 개성을 함께 존중하는 교육이나 정치가 요청된다.

예의나 관습도 전 세계 인류의 보편적인 인간존중의 예의 정신을 추구하지만, 나라나 지역마다 지니는 예의와 관습의 특수성도 함께 존중해야 한다. 그럴 때, 우리는 세계인으로 살면서, 또 한국인으로 살 수 있는 길이 열려 활짝 열린 가슴으로 서로 인정하고 존중하는 사회를 이룩할 수 있다. 이렇게 볼 때, 이통기국 속에는 자존自存과 공존共存의 이치가 함께 들어 있다. 이통기국을 따른다면 자존과 공존을 함께 존중하는 상생과 평화의 세계가 올 것이다.

전인적 인간관

유학 자체가 전인적 인간관을 전제로 하는데, 율곡의 경우에 더욱 그렇다. 율곡은 우선 인간을 몸과 마음, 심신의 결합체로 본다. 이는 맹자가 인간을 소체小體와 대체大體로 본 것과 상통한다. 맹자는 인간의 눈·코·귀·혀·피부 등 신체를 가리켜 '이목지관耳目之官'이라 부르고 이를 '소체'라 했다. 그리고 생각하고 사유하는 마음을 가리켜 '심지관心之官'이라 부르고 이를 '대체'라 했다. 결국 대체는 마음·정신·의식을 말하고, 소체는 신체·육신을 말한다. 이 양자가 분리되지 않고 하나로 있는 심신일체心身一體·영육쌍전靈肉雙全의 존재인 것이다. 우리는 육신은 없고 정신만 있는 인간이나 정신은 없고 육신만 있는 인간을 상상할 수 없다. 이러한 유교의 전인적 인간관에서 율곡의 인간관도 비롯된다.

율곡은 진정한 의미에서 인간의 본성이란 기질지성氣質之性이라고 보았다. 기질지성이란 기질 속에 하늘의 본성이 내재한 것을 말한다. 기질은 인간의 육신에서 비롯한다. 현실적 인간은 육신을 벗어나 말할 수 없고, 또 기질을 벗어나 인간을 말하기 어렵다. 그러므로 율곡은 주자의 견해를 따라 기질을 벗어나 인간의 본성을 말하는 것은 하나의 관념이며 이상으로 규정했다. 즉 기질을 벗어나 성性을 말해서는 안 되며, 기질을 벗어난 성은 '성'이 아니라 '리理'라고 불러야 옳다고 했다. 흔히 성리학에서 말하는 천지지성天地之性이니 본연지성本然之性이니 하는 것은 사실 리를 말할 뿐, 진정한 의미의 성은 아니라는 것이다. 왜냐하면 이는 기질지성 속에서 리만을 가리켜 하는 말이기 때문이다. 그러므로 유학자들이 천지지성, 본연지성을 이상으로 추구하지만, 이는 하나의 목표이자 이상이지 실제적인 성은 아니다.

이러한 관점에서 보면 율곡의 인간 본성에 대한 이해는 매우 실제적이고 경험적이다. 육신을 지닌 인간, 신체를 가진 인간, 그리고 밥을 먹고 배설하고 웃음과 눈물이 있는 인간을 전제로 한 인간 설명이다. 그러므로 율곡이 말하는 본성은 성리학적으로 이기理氣를 모두 아우르는 개념이다. 그래서 도덕적 이성, 냉철한 지성은 말할 것도 없거니와, 희노애락喜怒

哀樂의 감정과 욕심까지도 포괄하는 본성이다. 인간의 마음 속에 자리 잡은 리만으로서의 성이 아니라, 기로서의 성도 인 정한다. 다만 이러한 전인적 인간관이 야기하는 악의 문제, 즉 기의 부정적 작용을 어떻게 관리하느냐 하는 것이 그의 주된 관심사였다.

율곡은 감정론에서도 전인적 인간관을 일관되게 고수한 다. 율곡은 사단四端이라는 도덕적 특수 감정이나 칠정七情이 라는 일반 감정을 모두 기발이승氣發理乘이라는 하나의 존재 구조로 인식했다. 사단과 칠정이 모두 기의 발현을 전제하고, 다만 기의 발현이 리의 주재에 맞느냐 맞지 않느냐에 따라 선 악이 결정된다고 보았다. 달리 말하면 표현된 감정이 그 상황 에 얼마나 맞는지 그렇지 않은지에 따라 선악이 결정된다는 것이다.

이는 퇴계가 사단이라는 도덕적 특수 감정을 칠정과 엄밀 하게 구별해 보는 것과는 다른 관점이다. 퇴계가 추구한 이상 은 도덕 감정이다. 그는 도덕 감정과 타락하기 쉬운 일반 감 정의 가치는 구별되어야 한다고 보았다. 감정도 리에 근원한 도덕 감정이나 냉철한 지적 감정이 우위에 있는 것으로 보았 고, 희喜·노怒·애哀·구懼·애愛·오惡·욕欲과 같은 일반 감정에 대해서는 깊이 불신하고 경계했다.

이에 반해 율곡은 기쁨·노여움·슬픔·두려움·사랑·미

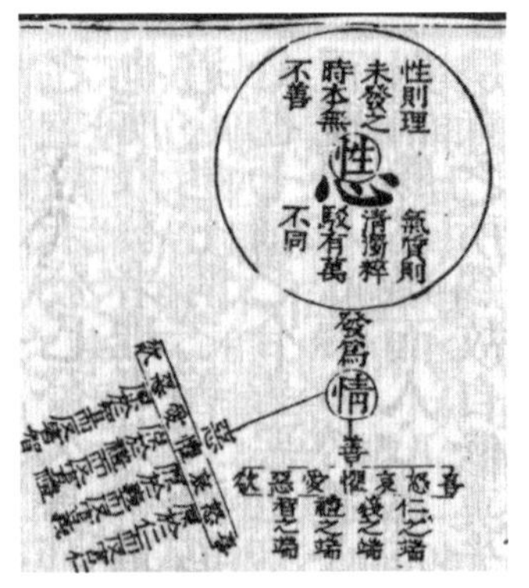

율곡의 심성정도.

움·욕구 같은 일반 감정의 범주에서 도덕적 특수 감정을 이해한다. 그러므로 사단이라는 도덕적 특수 감정도 자칫 절도를 잃어 악이 될 수 있고, 반대로 칠정이라는 일반 감정도 절도에 맞으면 선할 수 있다. 따라서 율곡에게 사단의 선이나 칠정의 선의 가치는 다르지 않다. 여기에서 우리는 도덕 감정과 일반 감정을 구별하지 않고 같은 범주로 보는 그의 감정론을 읽을 수 있고, 희노애락의 감정과 욕구·욕망 그 자체를 결코 부정적으로 보지 않는 그의 전인적 인간관을 볼 수 있다.

율곡은 마음에 대한 이해에서도 전인적 이해를 전제로 한다. 이기론적으로 마음은 이기의 묘합이다. 율곡이 '심시기心是氣'라 해서 마음을 곧 기로 보았다고 하지만, 이는 어디까지나 기의 기능적 측면에서 한 말이다. 율곡은 『서경書經』과 주자의 『중용장구中庸章句』서문을 인용해, 인간의 마음을 인심人心과 도심道心, 두 가지 형태로 구별했다. 인간의 마음은 본래 하나지만 그것이 무엇을 목적으로 삼은 마음이냐에 따라 인심, 도심으로 구별해 볼 수 있다고 했다. 배가 고파 음식을 먹고 싶어 하는 마음, 피곤해서 쉬고 싶은 마음, 남녀가 서로 좋아하는 마음 따위를 바로 인심이라 했다. 이에 반해 버스에서 어른을 보고 자리를 양보하고자 하는 마음이나, 힘이 약해 매를 맞는 사람을 도와주려는 마음이 바로 도심이라 했다. 즉 인간의 신체적 욕구에서 비롯한 마음이 인심이고, 도덕적 욕구에서 생긴 마음이 도심이다. 따라서 인심은 선할 수도 있고 악할 수도 있으나, 도심은 선하다.

그러나 인심이나 도심은 사단칠정의 감정과는 달리 의지를 지닌 마음이므로 선이나 악을 지향한다. 따라서 율곡은 인심도 처음에는 신체적 욕구나 욕망에서 발단했어도, 이를 잘 단속하고 절제하면 도심처럼 선한 마음으로 끝날 수 있고, 처음에 도덕적 욕구에서 도심으로 출발했어도, 이것이 중간에 변질되면 인심의 악으로 끝날 수 있다고 보았다. 이는 율곡이 인심·도심을 고정적으로 본 것이 아니라, 상황에 따라 얼마든지 변하는 것으로 보았기 때문이다. 이러한 율곡의 마음에 대한 이해는 도심은 선이고 인심은 악으로 보는 부정적 견해와는 구별된다. 율곡에게 도심은 물론 선한 것이지만, 그것을 한결같이 지키려고 노력하지 않으면 얼마든지 인심으로 전락할 우려가 있고, 또 인심이 악으로 갈 가능성이 있지만, 이를 정밀하게 살펴 분간해 간다면 도심의 선으로 귀결될 수 있다는 것이다.

이러한 그의 인심·도심에 대한 이해는 도심 우위의 마음에 대한 이해와는 다소 구별되는 관점이다. 율곡은 인심을 곧 악으로 규정하지 않고 인간의 신체, 육신에 기초한 자연스런 마음으로 본다. 인심 그 자체는 선도 아니고 악도 아니다. 다만 그것이 절도와 상황에 맞는지 맞지 않는지가 문제된다. 인심이 자칫 악으로 갈 가능성이 있다고 해서 무조건 악으로 보거나 부정적으로 보지 않는다. 여기에 율곡의 신체적 욕구와 육신에서 비롯한 자연적 본성과 마음에 대한 긍정적 태도를 볼 수 있다. 이는 그의 본성론이나 감정론과도 일관된 맥락이다. 이와 같이 율곡은 인간을 평범한 위치에서 보고자 했다. 성인이나 군자를 포기한다는 말이 아니라, 인간을 있는 그대로 인정하면서 군자와 성인의 길을 향해 나아가야 한다는 것이다.

이는 처음부터 군자나 성인을 중심으로 인간을 이해하는 경우와는 다르다. 밥 먹고 잠자고 욕심 가진 보통사람을 중심으로 인간을 말하는 것이다. 육신에서 해방되어 고고한 도덕이성과 한 터럭의 실수도 하지 않는 신 같은 인간이나 성인을 중심으로 인간을 이해하는 것이 아니라, 육신을 가진 인간, 죄 많은 인간, 욕심쟁이 인간을 인정하고, 그 바탕 위에서 인간·수양·교육·정치를 말하는 것이다.

목표와 이상은 퇴계와 같지만 인간을 보는 관점과 수양의 방식이 다르다. 신체 안에 갇힌 인간의 모습에서 죄악과 실수를 깨닫고, 이에 근거해 인간의 수양과 성인이 되는 길을 예비하는 것이다. 성인 중심의 인간관에서는 하늘에서 부여받은 선한 본성을 어떻게 잘 지켜 가느냐가 관건이지만, 율곡처럼 보통사람을 중심으로 보는 관점에서는 인간의 기나 기질이 곧 악으로 가는 가능성이라고 보기 때문에 기 내지 기질의 변화가 중요한 문제로 등장한다. 인간을 보되 선한 인간만이 아니라 악으로도 갈 가능성이 있는 인간으로 보고, 또 거룩한 신성으로서 지성과 덕성을 구비한 인간일 뿐 아니라, 감성과 욕심이라는 동물성도 지닌 인간임을 인정하는 것이 율곡의 인심·도심관이 지닌 특징이다.

4장

위대한 철학자, 율곡의 위상

리 철학과 기 철학의 조화

율곡의 위상은 무엇보다 16세기 사상사적 흐름에서 살펴볼 수 있다. 당시 사상계의 흐름 중 하나는 이언적李彦迪·이황李滉을 중심으로 한 주리론적主理論的 흐름이다. 이는 전통적인 성리학의 흐름으로 윤리적 입장에서 리를 가치 표준으로 삼고 이를 실천하는 것이 목적이다. 리는 하늘이 준 본성으로, 인간이 인간일 수 있는 본질이자 조건이다. 리는 의리義理로 해석되어 인간 행위의 준칙이 되고 삶의 원칙이 되었다. 따라서 의리는 인간이 목숨을 바쳐 지켜야 할 숭고한 이념이며 가치다. 이 의리에 반하면 사람이 아니며 의리의 실천이 곧 인간의 품격을 보증한다. 이러한 관점에서 리를 하늘처럼 높이고 절대시하고 신성시했다. 학문은 다름 아닌 리의 인식이고 실천 밖의 것이 아니었다. 반면 기는 리에 비해 사악한 것으로 규정되어, 악의 가능성으로 경계의 대상이 되었다. 따라서 리가 귀한 것이라면 기는 천한 것, 리가 높은 것이라면 기는 낮은 것, 리가 선한 것이라면 기는 악한 것, 리가 군자라면 기는 소인배, 리가 왕도王道라면 기는 패도覇道라는 등식이 성립했다. 이러한 이기의 엄격한 구별은 가치적 구별이었다. 윤리지상의 가치관이자 철학이라 해도 과언이 아니다. 이러한 주리론적 학풍은 당시 사화시대의 산물이기도 하다. 연산시대의 잔재가 아직도 남아 있고, 4대 사화로 가치관의 전도현상이 심각한 현실에서 국가기강과 윤리와 강상을 세워야 한다는 시대적 요청이었다. 이러한 주리론적 학풍은 사회정의를 확립하고 개인과 가정, 나아가 사회의 질서와 윤리를 바로잡는다는 측면에서 그 의의가 있다. 또한 공명정대한 사회기풍을 진작하고, 유교 본래의 도덕사회를 구현한다는 염원이 자리 잡고 있다.

그러나 이러한 윤리지상의 주리론적 풍토는 그 부작용도 안고 있었다. 윤리·도덕에 매몰되어 민생을 도외시하고 부국강병을 소홀히 하였으며, 또한 대의명분에 집착해 실리實利를 망각하는가 하면, 군자와 성인의 도덕적 이상세계에 치우쳐 현실을 외면하는 어리석음을 범하기도 했다.

16세기 사상계의 또 한 흐름은 화담 서경덕을 중심으로 한

기 철학의 흐름이다. 그 줄기는 주리론보다 미약하지만, 조선조 유학의 흐름에서 중요한 의미를 지닌다. 이들의 관심은 우주자연에 있다. 이들은 자연의 형이상학적 탐구와 함께 드러난 자연변화의 이치를 탐구하는 데 관심을 두었다. 주리론이 인간의 윤리문제에 주안점을 둔 것과는 대조적이다. 사실 화담의 자연철학은 이후 녹문鹿門 임성주任聖周, 조선후기의 실학자들 특히 혜강惠岡 최한기崔漢綺 등이 그 맥을 이어가지만, 체계적인 학맥의 발전을 보지 못한 것은 매우 아쉬운 일이다. 이러한 기 철학의 흐름은 근대과학의 발달에도 기여했을 법하지만, 유럽과 달리 우리는 큰 세를 형성하지 못한 채, 하나의 사상적 흐름으로 그 자취를 연명했을 뿐이다.

이러한 16세기의 사상사적 흐름에서 율곡은 주리론과 주기론을 종합하고 조화하는 곳에 있다. 율곡의 입장은 주리도 아니고 주기도 아니다. 리가 있으면 반드시 기도 있어야 하듯이, 기가 있으면 리도 있어야 한다. 리 없는 기 없고 기 없는 리는 없는 것이다. 이러한 율곡의 입장에서는 리도 중요하지만 기도 중요한 의미가 있다. 리 없는 기, 기 없는 리는 하나의 불완전한 존재다. 리는 기를 통해 기는 리를 통해 온전해진다. 이러한 율곡의 철학정신에서 주리와 주기를 지양하는 논리가 가능하다. 그래서 율곡은 당시 퇴계, 회재晦齋 중심의 주리론과 화담 중심의 주기론을 하나로 종합하고 조화하는 이기지묘理氣之妙의 철학을 열었다. 그의 삶도 이기지묘의 삶이었다고 볼 수 있다. 그는 철학자의 삶을 살았고, 한편으로는 경세가 내지 정치가의 길을 걸었다. 그의 학문도 이기지묘의 학이라 부를 수 있다. 그는 이학理學으로서 성리학을 세웠고, 기학氣學으로서 경세적 실학을 열었다. 이처럼 율곡은 당시 자신이 살던 시대의 사상적 흐름을 하나의 용광로 속에 녹여 이기지묘의 철학을 연 것이다.

그러나 율곡 이후 17세기에 이르러서는 이러한 이기조화의 학풍은 다시 다기화多岐化되어 전개되었다고 볼 수 있다.

성리학과 실학의 징검다리

율곡학의 진가는 성리학과 실학을 겸비한 데 있다. 조선조 16세기는 성리학의 전성기였다. 16세기는 이언적李彦迪·서경덕徐敬德·이황李滉·기대승奇大升·김인후金麟厚·성혼成渾·이이李珥 등 기라성 같은 유학자들이 조선성리학을 갈고 닦던 시대다. 송대 성리학이 고려 말에 들어온 이래 본격적으로 성리학의 심화 과정을 밟는 그러한 시기다.

성리학은 새로운 유학으로 탈바꿈해서 매우 치밀한 논리와 체계를 갖추었다. 기본적으로는 선진 경전에 그 근거를 두지만, 이를 더 논리적으로 해명하고 철학적으로 심화했다는 점에서 하나의 발전이었다. 그러다 보니 성리학 자체가 본래 그런 것은 아니지만, 지나치게 사변화되고 관념화되는 병폐를 안게 된다. 유학은 본래 이론과 실천을 겸비하고, 수기修 己와 치인治人을 겸하는 것인데, 성리학은 실천보다는 이론, 치인보다는 개인적 수기에 치중하는 문제점을 드러냈다.

그런데 율곡은 유학의 본래 정신으로 돌아가 성리의 이론 과 실천이 하나로 돌아가야 한다는 점을 강조했고, 또한 수기 에서 나아가 나라와 민생에 대한 책임과 도리를 다해야 한다 고 생각했다.

실학實學이란 말은 유학 자체를 불교나 도가에 견주어 부 르는 이름이기도 했다. 그것은 불교나 도가를 비현실적이고 공허한 학문이라 보고, 유학은 실제적인 학문이고 실리實理 를 추구하는 학문이라는 점에서 유학을 실학이라 부른 것이 다. 이러한 유학의 자부심은 불교나 도가보다 유학이 더욱 인 륜적이고 현실적인 학문이라는 특성에서 비롯한 것이다. 다 시 말하면 정치·경제·치안·국방 등 복잡다단한 현실 문제 를 해결할 수 있는 철학은 불교나 도가가 아니라 유학이라는 인식 때문이다. 이러한 유학이 지닌 자부심은 일면 타당한 면 이 있다. 따라서 유학자들이 유학을 곧 실학이라고 부른 경우 는 도·불에 대한 벽이단闢異端 의식이나 유학의 본래성을 강 조한 의미가 짙다.

그러나 우리가 말하는 조선조 후기의 실학이나 청대의 실 학은 이와는 다른 차원에서 부르는 말이다. 우선 유학 본래의 수기치인修己治人에서 치인의 측면, 즉 외왕싸王의 측면을 강조하는 것이 특징이고, 유학이 본래 의리義理와 실리實利 양면을 추구한다면, 실학은 실리를 특별히 강조하는 것이 특징이다. 물론 실학이라고 해서 수기를 도외시하지도, 의리적 가치를 무시하는 것도 아니다. 다만 성리학시대에 지나치게 편중된 수기, 윤리·도덕적 경향에서, 이를 치인과 실리로 보완하려는 성격이 짙다. 그러므로 조선조 후기 실학풍은 여러 가지로 독특한 학풍을 구사한다.

우선 현실에 대한 강렬한 비판의식을 지닌다. 현실의 긍정이나 순응이 아니라 투철한 비판을 통해 현실 개혁의 기치를 높이 든다. 그리고 기존의 어떤 권위에 매몰되지 않고 객관적 입장에서 실험하고 검증하며 자유로운 입장에서 학문하고 연구하는 개방적 학풍을 보여주었다. 나아가 이들은 이론보다는 실천을 강조하고, 종래 등한시하던 형이하학적 과제, 이를테면 일상의 학문, 실무적 과제, 현실적 사태에 대해 적극적인 관심을 갖는다. 그래서 이들은 정치·경제·사회·국방·행정·교육 등 현실문제·민생문제·부국강병에 관심을 갖게 되었다. 이러한 실학풍은 또 하나의 새로운 유학으로, 당시 성리학에 식상해 있던 많은 사람들에게 참신한 이미지를 제공했고 식자층의 환영을 받았다.

율곡은 이러한 성리학과 실학의 중간지대를 점유한 대표

적인 학자다. 그는 성리학시대와 실학시대의 교량 역할을 자임했다. 진정한 율곡학은 성리학과 실학을 겸한다. 율곡의 경우 성리학을 말하더라도 실학을 포함하고, 실학을 말하더라도 성리학을 내포한다. 진정한 유학이란 성리학적 기반 위에 실학으로 드러나야 하기 때문이다. 성리학이 체라면 실학은 용이다. 율곡철학은 '이기지묘의 학'이라고 규정할 수 있다. 이학理學으로서 성리학과 기학氣學으로서 실학이 조화된 체계가 율곡의 학이다.

율곡은 적어도 조선조 성리학을 대표하는 자리에 있다. 그것은 그의 성리학적 위상을 말해주는 것이기도 하다. 이기지묘, 기발이승, 이통기국으로 대표되는 그의 이기론은 주자성리학의 범주 속에 있지만 일면 한 걸음 더 나아간 것이다. 묘妙로 표현된 그의 철학적 깊이와 통찰은 율곡의 천부적 철학성과 독창성을 잘 말해 주는 것이다. 율곡의 성리학이 조선조 오백 년 동안 미친 영향을 보더라도 가히 그의 성리학적 위상을 짐작할 수 있다.

율곡의 위대한 점은 그가 사변적인 성리학자로만 남지 않았다는 사실이다. 그는 타고난 경세가였다. 육신은 비록 약골로 허약했지만, 그의 나라사랑과 국가경영의 포부는 대단했다. 율곡의 수많은 상소문은 이를 대변해 준다. 그는 시대정신을 읽을 줄 아는 선각자였고, 시대를 구원할 진단과 처방을 내릴 줄 아는 명의였다. 율곡은 당시의 현실을 '경장기更張期'로 인식하고, 이를 개혁하지 않으면 안 된다고 생각했다. 그래서 그는 개혁안을 제시했고, 임금의 개혁에 대한 의지와 결단을 촉구했다. 율곡의 개혁안이나 경세 대안은 매우 상세하고 구체적이다. 이러한 점 때문에 그를 조선조 후기실학의 선구자로 평가하는 것이다. 실제로 조선조 후기 실학의 선구자로 불리는 반계磻溪 유형원柳馨遠의 『반계수록磻溪隨錄』만 하더라도 율곡의 경세안이 많은 영향을 미쳤음을 알 수 있고, 성호星湖 이익李瀷도 율곡을 반계와 더불어 조선조 실학의 대표적 인물로 칭송한 바 있다.

율곡이 보인 현실에 대한 깊은 관심, 개혁 의지, 체계적인 개혁론과 경세론, 개방적인 학풍 등은 그를 실학의 선구자로 보는 것이 타당하다는 논거이며, 여타 다른 유학자들의 경세적 관심과 구별되는 점이다.

기호학파의 중심적 위치

조선조 유학사는 크게 보아 기호유학과 영남유학으로 대별되는데, 이는 지역적 연고에 따라 부르는 명칭이다. 이것이 하나의 학파적 성격을 띠고 서로 대립·갈등하게 된 것은 17세기 이후의 일이고, 이러한 양대 학맥의 실마리를 제공한 것은 퇴계와 고봉 간의 사단칠정에 관한 논쟁이라고 볼 수 있다. 영남유학은 이미 15세기 성종시대 김종직의 문인들이 정계에 진출하면서 하나의 큰 세력을 형성해 왔다.

그런데 퇴계의 주리론主理論이나 이기호발설理氣互發說은 영남유학의 정체성이 되기도 했다. 영남유학은 퇴계 이후 퇴계학의 계승이라는 큰 틀에서 벗어나지 않았다. 물론 장현광張顯光·정경세鄭經世·정시한丁時翰 등 절충파나 독특한 성리학적 입장을 견지한 경우도 있지만 대체로 퇴계학의 충실한 계승에 몰두했다.

그러나 영남유학은 퇴계학파만 있던 것은 아니다. 당시 퇴계가 안동을 중심으로 학단을 형성했다면, 지리산을 중심으로 진주·함양에 은거하던 남명南冥 조식曺植도 유림의 존경을 받으며 많은 문인을 거느리고 있었다. 이들은 영남유학의 양맥을 형성하면서도 학풍이나 기상이 조금 달랐다. 퇴계가 성리학의 이론적 심화에 전념했다면, 남명은 의리의 실천에 주력했다. 그래서 임진왜란을 당하고 수많은 의병장들이 남명의 문하에서 나왔다는 점은 주목할 필요가 있다. 더욱이 남명의 학풍은 퇴계와는 달리 노장학은 물론 다방면에 깊은 관심을 두어 학문적 개방성을 보여주고 있다.

기호유학은 15, 16세기 정암靜庵 조광조趙光祖·화담花潭 서경덕徐敬德·하서河西 김인후金麟厚·고봉高峰 기대승奇大升 등이 씨를 뿌렸다. 그러다가 기대승이 퇴계와 학술논쟁을 벌이고 이어 율곡이 고봉의 설에 동조하면서 학술상 대립과 갈등이 고조되었다. 율곡은 당시 학계의 대 원로인 퇴계의 학설을 공개적으로 비판했다. 물론 이는 자신의 막역한 학문적 동지인 우계牛溪 성혼成渾을 통한 논쟁에서였지만, 이 논쟁에서 자신의 학설을 분명히 밝히고 퇴계의 학설에 대해 날카로운 비판을 가했다. 문제는 이때 동서 당쟁이 싹트고 17세기

이후 당쟁이 심화되면서 학술상의 논쟁이 정치적 갈등과 결부되어 상승작용이 일어났다는 점이다. 학파적 갈등이 정파적 갈등과 결부되고, 이는 결국 정치 주도권과도 밀접히 관련되어 많은 부작용과 부정적 영향을 미치기도 했다.

기호유학의 큰 줄기는 역시 율곡학맥이다. 기호학파는 곧 율곡학파라고 할 만큼 그 세나 영향이 컸다. 율곡의 문인으로는 조선조 예학禮學의 종장宗匠으로 불리는 사계沙溪 김장생金長生이 있고, 임진왜란 때 의병장으로 순절한 중봉重峰 조헌趙憲이 있다. 김장생의 문인으로는 그의 아들인 신독재愼獨齋 김집金集을 비롯해 우암尤庵 송시열宋時烈·동춘당同春堂 송준길宋浚吉·초려草廬 이유태李惟泰·포저浦渚 조익趙翼·계곡谿谷 장유張維·상촌象村 신흠申欽 등이 있다. 특히 사계와 그의 아들 김집의 문인인 송시열·송준길·이유태·유계兪棨 등은 호서지역을 중심으로 예학풍을 열었다.

우암의 문하에는 수암遂庵 권상하權尙夏가 있었는데, 그는 충북 제천의 청풍에서 강학을 했다. 여기에서 인물

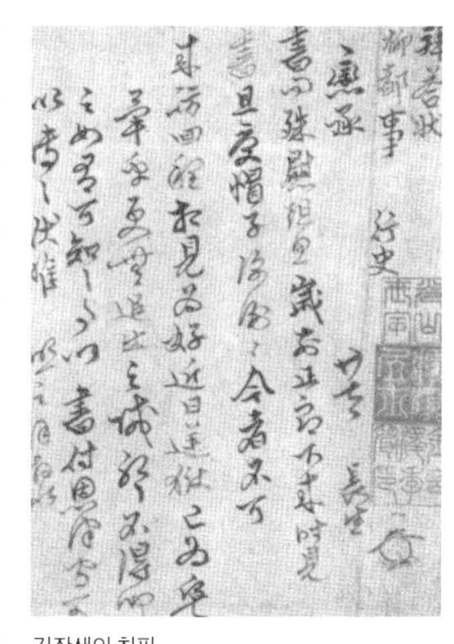

김장생의 친필.

성동이론人物性同異論이 발단되고 심화되었다. 이는 일종의 보편과 특수논쟁으로, 인간의 본성과 사물의 본성이 같은지 다른지를 두고 성리학의 연장선상에서 전개되었다. 이를 '호락湖洛논쟁'이라고도 하는데, 인성과 물성이 같다고 한 이들이 주로 경기지역에 살아 '낙론洛論'이라 했고, 인성과 물성이 다르다고 주장한 이들이 주로 호서지역에 살아 '호론湖論'이라 부른 데서 연유한다. 이 논쟁에는 많은 유학자들이 참여했지만, 특히 남당南塘 한원진韓元震은 호론을 대표했고, 외암巍巖 이간李柬은 낙론을 대표했다. 이 논쟁은 이 시대의 학술적 주제가 되었고, 거의 2백여 년 동안 유학자들의 관심을 받았다.

율곡학파의 직계는 송시열宋時烈—정호鄭澔—김정묵金正默—송치규宋穉圭—송달수宋達洙—송병선宋秉璿으로 이어져, 우암의 후손들에 의해 한말까지 계승되었다.

그런데 율곡학파는 직계 계열만 있는 것이 아니라, 그를 존경해 사숙하던 방계의 율곡학파도 융성했으니, 정관재靜觀齋 이단상李端相 계열과 도암陶庵 이재李縡 계열이 가장 대표적이다. 이단상의 문하에는 임영林泳과 김창협金昌協·김창흡金昌翕 형제가 있었고, 김창협의 문하에는 박필주朴弼周·김신겸金信謙·어유봉魚有鳳이 있었다. 또 이재의 문인으로는 김원행金元行·박성원朴聖源·송명흠宋明欽·임성주任聖周·

임정주任靖周 등이 있었고, 김원행의 문인으로는 황윤석黃胤錫·홍대용洪大容·박윤원朴胤源·오윤상吳允常 등이 있었다. 박윤원의 문하에는 홍직필洪直弼이 있어, 이후 임헌회任憲晦·전우田愚로 이어졌다. 이단상 계열은 기호학맥 선상에 있으면서도 율곡설에만 집착하지 않고 퇴계설과 절충을 꾀하는 등, 율곡 직계보다 더 폭넓은 수용성을 보여주었다. 그리고 이재 계열은 호락湖洛논쟁에서 인간의 본성과 사물의 본성이 같다고 하는 낙론의 입장에 서서, 북학파 실학의 실마리를 제공했다.

그러나 기호학파에 율곡학파만 있던 것은 아니다. 특히 우계牛溪 성혼成渾의 학맥을 간과해서는 안된다. 성혼은 부친 성수침成守琛에게서 배웠고, 그는 또 정암靜庵 조광조趙光祖의 문인이다. 따라서 성혼의 학맥은 여말 정몽주―길재―김숙자―김종직―김굉필―조광조의 학맥에 닿는다. 성혼의 학맥은 그의 사위인 팔송八松 윤황尹煌으로 이어져, 그의 아들인 미촌美村 윤선거尹宣擧에서 다시 손자인 명재明齋 윤증尹拯에게 계승되었다. 그래서 우계학파는 창령昌寧 성씨成氏의 가학家學에 기반을 두고, 파평坡平 윤씨尹氏의 가학으로 계승되었다. 우계학파는 본래 율곡과 우계의 막역한 우정으로 그 직계 문인들이 우牛·율栗, 두 문하를 교차해 출입했고 우암과 윤선거·윤증 부자와 관계가 악화되기 전까지는 큰 틀에서

우암 송시열.

기호유학의 학풍과 정치적 서인의 길을 공유했다고 볼 수 있다. 문제는 우암과 윤선거·윤증 부자의 갈등이 본격화되면서 결국 당쟁으로 이어졌고, 나아가 학문적 결별까지 한 것이다.

윤선거·윤증, 그리고 그들의 문인들에 와서는 학문적 정체성을 노골적으로 표명하면서, 율곡학파 특히 우암학파와 차별화를 기했다. 전반적으로 볼 때 우계학파는 율곡학파보다 학문적 수용성이 더 컸다고 볼 수 있고, 율곡학파가 성리학의 이론적 심화에 몰두한 것과는 달리, 우계학파는 내면적 수기에 더욱 치중해 마음공부를 중시했다. 아울러 우암학파가 당시 17세기 호란의 위기를 맞아 대의명분을 중시해 매우 경직된 학풍을 걸었다면, 우계학파는 현실적 입장에서 실리와 실용에 관심을 갖게 되었다. 이러한 관점에서 조선조 초기 양명학파가 대부분 우계학맥에 그 뿌리를 두고 있으며, 나아가 한국 양명학을 대표하는 하곡霞谷 정제두鄭齊斗도 명재의 문인이었다. 이처럼 같은 기호학파였지만 율곡학파와 우계학파의 이념적 색채는 다소 구별되는 점이 있었다.

　요컨대 율곡의 학맥은 우계학맥과 더불어 기호학맥의 주봉이다. 학문적으로도 율곡학이 긍정적이든 부정적이든 조선조 전반에 미친 영향은 매우 컸다. 더욱이 율곡의 철학이 미친 영향, 이를테면 기호·영남의 성리논쟁, 인물성 동이논쟁, 그의 이통기국을 기반으로 한 임성주·기정진의 논리, 율곡의 경세론이 미친 실학적 영향 등에서 가히 조선조 유학을 대표하는 그의 위상을 짐작할 수 있다.

5장

21세기 율곡철학의 의미

조화정신

율곡철학이 하나의 골동품으로 미화되어서는 안 된다. 그것은 오늘날 살아 있는 철학으로 다시 태어나야 한다. 그렇다면 21세기 율곡철학의 진정한 의미는 어디에 있는가?

첫째, 조화정신을 배워야 한다. 오늘날 우리는 이념의 대립 · 지역적 갈등 · 세대 간 갈등 · 노사 간의 갈등 · 문화적 갈등 · 종교적 갈등 등 심각한 대립과 갈등 속에 살고 있다. 나라 안도 그렇고 나라 밖도 그렇다. 시비선악의 싸움에는 중도도 중간지대도 있을 수 없다. 옳으면 옳고 그르면 그른 것이기 때문이다. 또 선은 선이고 악은 악이지, 선이 악이 되고 악이 선이 될 수 없다. 물론 이러한 시비선악의 판단에는 상황에 따른 적의성을 반드시 고려해야 한다.

싸우는 까닭은 서로 자기의 주장이나 가치를 고집하기 때문이다. 진보와 보수, 이상과 현실, 물질과 정신, 이론과 실천, 자유와 평등, 개인과 전체 등 하나의 가치나 주장에 집착해 고집하면 싸움은 그칠 날이 없다. 내가 자유의 가치를 고집하면 저편은 평등의 가치를 주장하고, 내가 진보적 입장에서 통일을 논하면 상대는 보수적 입장에서 통일을 논한다. 항상 평행선으로 달릴 뿐 싸움은 그치지 않는다.

여기에서 우리는 서로 다른 가치나 주장들이 온전한 전체의 일부분에 지나지 않는다는 사실을 알아야 한다. 진보와 보수를 함께 말해야 온전한 것이고, 이상과 현실을 함께 말해야 온전한 것이다. 이 양자 가운데 어느 하나는 반쪽일 뿐이다. 그리고 이 반쪽은 다른 반쪽으로 보완되고 온전해질 수 있다. 이는 동양의 음양철학에서 음양이 만나야 온전해지는 것과 같다. 남성도 반쪽이고 여성도 반쪽이다. 상대를 만나야 온전해진다. 그것이 결혼이 아닌가? 나와 다른 상대는 나의 적이 아니라, 나의 부족함을 보완해 주는 고마운 존재라는 인식이 전제되어야 한다. 이러한 상보적 관계의 인식이야말로 대립과 갈등에서 조화와 상생으로 가는 첫걸음이다.

율곡의 이기지묘理氣之妙 철학은 이러한 상보성의 정신을 우리에게 일깨워준다. '리 없는 기 없고, 기 없는 리 없다.' 는 율곡의 말에서 상대를 인정하고 사랑하는 논리를 배우게 된다. 상대가 지닌 특수성을 인정해야 하나로 공존할 수 있는 사랑과 평화의 지평이 열릴 수 있다. 서로 다른 둘이지만 하나로 있고, 하나로 있지만 서로 다른 둘임을 이해하고 인정하는 것에서 자존自存과 공존共存의 길이 열린다. 즉 너도 살고 나도 살고, 나도 행복하고 너도 행복한 길이 열리는 것이다.

율곡은 동서 당쟁이 싹틀 때 즈음, 나라를 걱정하며 양시양비론兩是兩非論으로 당쟁의 갈등을 해결하고자 했다. 그는 당쟁의 당사자인 김효원金孝元과 심의겸沈義謙을 양시양비론으로 비평했다. 즉 김효원과 심의겸의 장점과 단점, 시시비비를 함께 지적하면서, 그 당파적 결속이 사사로운 이해를 떠나 공의公義에 입각해야 한다는 점을 강조했다. 이는 적당한 미봉이 아니라 시시비비를 분명히 가리되, 서로 상대를 존중하고 이해하는 도량을 지닐 때 대립과 갈등을 해결할 수 있다는 논리였다. 이러한 논리는 원효元曉의 화쟁和諍 방식과 궤를 함께한다.

개혁정신

둘째, 개혁정신을 배워야 한다. 우리는 유학 내지 유교라고 하면 우선 부정적인 선입견을 갖기 일쑤다. 역사의 골동품 내지 낡아빠진 이데올로기로 간주한다. 또 유학을 기득권층, 집권층을 위한 이데올로기로 규정하는 경우가 많다. 물론 역사적 관점에서 보면 그런 오해를 받을 법도 하다. 그러나 유학 그 자체와 유학자는 구별해야 한다. 불교와 불교도, 기독교와 기독교도는 구별해야 한다. 비록 유학이 역사 속에서 그런 어리석음을 범했다고 해서 유학 전체를 매도해서는 안 된다.

공자·맹자도 어찌 보면 그 당시에 나름대로 현실개혁의 의지를 지닌 인물이다. 유학자라고 해서 모두 기성질서를 옹호하는 것도 아니고 수구 골통도 아니다. 율곡은 오히려 적극적으로 시대의 변화를 읽고 준비한 선각자다. 그는 변하는 현실을 냉철히 분석하고 대안을 준비했다. 율곡은 자신의 대표적인 상소문인 「만언봉사萬言封事」 서두에서 "정사를 돌볼 때에는 아는 것이 중요하고, 일을 할 때에는 실實에 힘쓰는 것이 중요하다.(政貴知時 事要務實)"고 했다. 지도자는 자신이 처한 상황을 정확히 통찰하는 혜안을 지녀야 한다. 지금 상황이 정상인지 긴급한 상황인지를 정확하게 진단할 줄 알아야 한다. 이는 명의가 진단과 처방을 잘 해야 환자를 낫게 하는 것과 마찬가지다. 가장이 집안의 상황을 제대로 파악하지 못하면 한 가정이 무너진다. 이와 마찬가지로 한 나라의 지도자가 그 나라가 처한 상황을 정확히 읽지 못하면 백성이 고통을 받고 나라가 망하게 된다.

16세기 후반, 율곡은 당시 조선의 현실을 개혁해야 할 '경장기更張期'로 인식하고, 임금을 향해 개혁의 당위와 대안을 구체적으로 제시했다. 사실 그의 수많은 상소문과 「동호문답東湖問答」 『경연일기經筵日記』 등은 개혁에 대한 내용이 주를 이룬다. 율곡은 이런 행동으로 개혁을 좋아하는 사람이라고 비난받기도 했다. 그는 단순히 개혁의 필요성만을 소리 높이 외친 것이 아니다. 그에겐 개혁 논리가 있고 탄탄한 개혁의 청사진이 있었다. 이러한 개혁안은 당대 실현되지 못했지만, 반계磻溪 유형원柳馨遠을 통해 『반계수록磻溪隨錄』으로 구체화되기도 했다.

특히 율곡은 개혁의 어려움을 잘 이해하고 있었다. 개혁은 너무 서둘러도 안 되고 너무 느슨해도 안 된다는 점을 강조했다. 또 개혁에는 기득권층의 반발과 저항이 수반하므로 철저히 대비해야 한다고 했다. 무엇보다 개혁 주체의 도덕적 모범과 자기결신이 전제되어야 개혁이 설득력을 지닐 수 있으며, 나아가 개혁은 점진적으로 해야 한다는 점을 강조했다. 특히 조광조의 개혁이 실패한 경험을 배워야 한다며 개혁이 마치 혁명인 양 착각해서는 안 된다고 했다. 즉 개혁은 기존의 질서나 제도를 모두 단번에 없애버리는 것이 아니다. 잘못된 제도와 법제를 개혁하고, 백성의 불편을 제거하고, 모순된 현실을 바로 잡는 것이 개혁이다. 이는 곧 보수를 기반으로 한 개혁을 말한다. 율곡은 개혁의 목적은 집권자의 이해가 아닌 오직 백성에게 있음을 분명히 했다. 백성의 이익, 백성의 편리, 백성의 행복이 개혁의 목적인 것이다.

오늘날 우리는 김영삼, 김대중, 노무현 정권에 이르기까지 개혁에 매달리고 있다. 물론 여러 측면에서 많은 변화를 부르고 긍정적인 성과를 거둔 것도 사실이다.

그러나 그 개혁이 얼마나 어려운 것인지 절감하고 있다. 국민을 위해 개혁을 한다는데 국민의 지지를 받지 못하고, 국민을 더욱 피곤하게 하거나 불편하게 한다면 개혁의 본의를 망각한 것이 아닌가? 개혁은 해도 해도 끝이 없는 긴 여정이다. 그것은 청소하자마자 또 더러워지는 이치와 마찬가지다. 개혁은 한 번에 끝나는 작업이 아니라 끊임없이 지속해야 할 작업이다. 아직도 요원한 개혁의 길을 바라보며 16세기 율곡의 개혁적 의지와 아이디어를 배울 수는 없을까?

실학정신

셋째, 실학정신을 배워야 한다. 율곡의 말과 글을 보면 유달리 '실實' 자가 많이 등장한다. 「만언봉사」도 '실'에 힘써야 한다는 '무실務實'로 온통 채색되어 있다. 율곡이 실을 강조하는 것은 의례적인 수사가 아니다. 무실務實·무실無實·실학實學·실리實理·실심實心·실공實功·실덕實德·실천實踐·실효實效·실사實事·실행實行·실적實迹 등 무수히 많은 용례를 볼 수 있다. 그의 머릿속엔 실학정신이 늘 자리 잡고 있었다.

그런데 실학이라 할 때의 '실實' 자는 본래 선진유학에서는 '성誠' 자로 나타났다. 『중용中庸』에 따르면 "성誠은 사물의 시작이요 끝이니, 성이 없으면 어떤 사물도 존재할 수 없다.(誠者 物之終始 不誠無物)"고 한다. 성誠은 진실해서 거짓이 없다는 말이다. 성은 진실, 참을 의미한다. 참은 이 세상 모든 것의 시작이며 끝이다. 참이 결여되면 그 어떤 존재도 성립할 수 없다. 시계처럼 생겼는데 시간이 맞지 않는다면 그것은 결코 참된 시계가 아니다. 볼펜인데 글씨를 쓸 수 없다면 참된 의미의 볼펜이 아니다. 거짓된 것은 참 존재일 수 없다.

이 성誠의 철학은 『중용』의 핵심 원리가 된다. "성誠은 하늘의 도요 그 성을 행하는 것이 인간의 도리다.(誠者 天之道也 誠之者 人之道也)"라고 했다. 천지자연의 이치가 바로 참이다. 봄이 지나면 여름이 오고, 여름이 지나면 가을이 오고, 겨울이 지나면 어김없이 봄이 온다. 겨울이 왔는데 다시 가을로 돌아가는 법은 없다. 콩 심으면 콩이 나고, 팥 심으면 팥이 난다. 콩을 심었는데 옥수수가 나는 법은 없다. 자연은 진실하다. 인간은 그 자연의 진실함을 믿고 산다. 만약 자연이 때때로 거짓을 보인다면, 인간은 질서 있는 계획된 삶을 살기 어렵다.

성誠은 자연의 이치인데, 그 참된 자연의 이치를 행하고 실천하는 것이 인간의 도리다. 여기에서 인간의 도리가 자연의 질서에 근거하고 있음을 알 수 있다. 참된 자연, 진실한 자연의 질서를 따라 진실하게, 참되게 살아가는 것이 인간의 길이자 도리라는 말이다.

이러한 '성誠'의 철학은 송대 주자가 '실實'로 바꾸어 해석했다. 주자에 따르면 성誠은 도道에서는 실유지리實有之理로, 사람에게는 실연지심實然之心으로 설명했다. 즉 성誠은 우주 자연에서는 진실한 이치, 즉 실리實理로 해석되고, 인간에게는 진실한 마음, 즉 실심實心으로 해석되었다. 고대 유학에서 성誠이 관념적 성격이 짙었다면, 송대 주자에 이르러서는 실實로 더욱 구체화되었다고 할 수 있다. 따라서 성誠과 실實은 상통하는 개념이어서 성과 실을 합해 성실誠實이라 부르기도 한다.

율곡은 이러한 주자의 해석에 근거해, 성誠은 하늘에는 실리實理요, 인간의 마음에서는 실심實心이라 규정했다. 우주자연의 진실한 이치, 즉 실리가 인간의 마음속에 녹아들어 진실한 마음, 즉 실심으로 나타났다는 것이다. 율곡에게 인간 주체의 성실성 확보는 만사의 근본이다. 그는 『성학집요聖學輯要』에서 한 마음이 참되지 못하면 만사가 거짓이니 어디 간들 행할 것이며, 한 마음이 진실로 참되면 만사가 참이니 무엇을 한들 이루지 못하겠느냐고 했다. 여기에서 마음과 일은 밀접히 연관되어 있다. 마음이 진실해야 하는 일도 진실하고, 마음이 거짓이면 일한 결과도 거짓일 뿐이라는 말이다. 이처럼 율곡은 인간 주체의 진실한 마음을 지니고 매사에 임할 때 그 일의 결과가 진실해 실질적인 효과를 거둘 수 있다고 보았다. 이때 진실한 노력을 실공實功이라 하고, 그 진실한 효과를 실효實效라고 했다. 율곡은 실심으로 실공을 통해 실효를 거두어야 한다고 보았다. 따라서 무실務實이란 결국 '실實의 추구'를 의미하는데, 율곡의 무실사상은 진실성의 추구이자 실질, 실용의 추구, 실천의 추구라고 볼 수 있다.

그런데 이러한 율곡의 무실務實의 실實은 일면 도덕적 진실성을 의미하고, 일면 경제적 실리實利를 의미한다. 이 양자는 서로 밀접히 연관되어 있다. 진실하지 않으면 그 결과가 빈껍데기며 거짓, 가짜이기 때문이다. 진실이 담보되지 않는 노력은 허사가 되고 만다. 따라서 오늘날 세계적 선진기업들이 저마다 윤리경영을 말하는 이유를 알 수 있다. 진실한 기업만이 생존할 수 있고 발전할 수 있다. 소비자의 신뢰를 받는 기업만이 경쟁에서 이길 수 있다. 이뿐만 아니라 우리는 IMF 이후 국가신인도가 얼마나 중요한 것인지 실감했다. 이는 일종의 국가에 대한 신용도며 도덕 수치라고 할 수 있다. 국가의 신인도뿐만 아니라 기업과 은행에 이르기까지 저마다 신인도를 측정하는 것이 오늘의 추세다. 이는 도덕적 진실성이 경제와 밀접히 연관되어 있음을 잘 말해주는 것이다.

현대사회는 경제적 가치를 중시하는 사회다. 개인·가정·사회·국가도 경제적 가치가 우선이다. 국력도 경제력을 의미하고 국제관계에서도 경제가 중요한 요소다. 이러한 현대사회의 특징은 자칫 경제지상·물질만능의 가치관을 형성하고, 윤리적 가치와 정신적 가치를 등한시할 수 있다. 더욱이 실리 추구의 무한경쟁은 마침내 수단방법을 가리지 않고 사리사욕에 치우쳐 공정성과 정당성을 해치게 된다. 또 부정한 수단으로 부를 축적하고 부정한 소비가 사회적 문제로 대두된다. 여기에서 우리는 경제와 윤리의 상보적 관계를 요청하게 된다. 건전한 경제는 윤리에 기초해야 한다. 이것이 경제 정의이며 정의로운 경제다.

이렇게 볼 때 율곡의 무실정신, 그의 실학사상은 현대가 당면한 경제 질서의 혼란을 치유할 하나의 대안으로 훌륭하다. 경제에만 매몰되지 않고 윤리를 생각하며, 실리에만 치중하지 않고 정의를 돌아보는 것에서 건강한 경제를 기대할 수 있다. 율곡의 실학정신, 무실정신은 윤리와 경제, 경제와 윤리의 상보성을 기초로 양자의 조화를 추구하는 것이 특징이다.

2부

율곡 저작선

栗谷 李珥

율곡은 만 48세의 짧은 생애를 살았지만, 그가 남긴 말과 글은 다채롭고 의미가 깊다. 그는 타고난 총명과 일찍부터 시작한 저술 활동 덕에 비교적 많은 글을 남겼다. 무엇보다 그의 저술은 성리학에 국한하지 않고 정치, 경제, 교육, 행정, 법, 언론, 윤리, 군사, 문학 등 다양한 분야를 망라하고 있다는 점이 특징적이다.

그의 성리학, 교육관, 경학사상, 문학 세계 등을 가늠할 수 있는 자료는 다수 존재하지만, 여기서는 지면 관계상 부득이 「동문을 나서며」 등 6편의 시, 그의 소차문을 대표하는 「만언봉사」 「육조계」, 23살에 쓴 과거시험 답안지인 「천도책」, 청년 시절 그의 학문적 입지를 담은 「자경문」만을 수록하였음을 밝힌다. 그리고 이 글들은 한국학중앙연구원이 번역 출간한 『국역 율곡전서』와 율곡학회가 편찬한 『율곡전집』 CD-ROM을 주로 참고하였음을 밝힌다.

1장

시

동문을 나서며(出東門)

하늘과 땅은 누가 열었으며

해와 달은 또 누가 갈고 씻었느냐

산과 내는 이미 얽혀져 있고

추위와 더위는 서로 교대한다

우리네 사람은 만물에 처하여

지식이 가장 으뜸이더라

어찌 한 곳에 매달린 조롱박처럼 되어

쓸쓸하게 한 처소에 매어 있으랴[1]

팔방과 구주九州사이에

어디가 막혀 자유로이 놀지 못하랴

저 봄빛 띤 산, 천 리 밖으로

지팡이 짚고 내 장차 떠나가리

나를 따를 자 그 누구일고

저녁나절 부질없이 서서 기다리네

풍악산에서 작은 암자에 있는 노승에게 시를 지어 주다(楓岳贈小菴老僧 幷序)
— 서문을 겸하여

물고기 뛰고 솔개 날아가는 그 이치는 위아래가 똑같다

저런 것 모두 색色도 아니고 공空도 아니지

무심히 한번 웃고 신세를 돌아보니

석양의 나무 숲 속에 홀로 서 있네

보응스님과 함께 산에서 내려와 풍암 이광문(지원)의 집에 이르러 초당에서 하룻밤을 묵으면서(與山人普應下山至豊岩李光文之元家宿草堂)[2]

도를 배우니 곧 집착이 없구나

인연 따라서 어디든지 유람하네

잠시 청학동靑鶴洞을 하직하고는

백구주白鷗洲에 와서 구경하노라

신세는 구름 천리이고

건곤乾坤은 바다 한 구석일세

초당에 하룻밤 묵어가는데

매화에 비친 달, 이것이 풍류로다

산인의 시축에 차운하다(次山人詩軸韻)

이 도는 본래 근본이 하나인데

사람의 마음에는 오고 감이 있구려

어찌하여 다른 길로 들어가

십년 동안 머리를 돌리지 못하는가

서리 내리면 온 산이 야위고

바람 평온하면 뭇 꽃이 핀다오

신비한 이치는 말없이 깨달으리

오묘한 운행을 그 누가 서로 재촉할까

고산 구곡가를 부기하다(附高山九曲歌)³⁾

고산의 아홉 굽이 못을

세상사람 일찍이 몰랐었네

띳집 짓고 와서 사니

벗들이 모두 모여드네

무이武夷⁴⁾를 상상해 보니

소원은 주자를 배우는 것뿐

첫째 굽이 어디메뇨

관암冠巖에 햇빛 비치는 곳

편편한 들판에 안개 걷히면

먼 산이 진정 그림 같아라

소나무 사이에 술 항아리 두고
친구 오길 우두커니 기다리네

둘째 굽이 어디메뇨
화암花巖에 봄빛이 저무는 곳
푸른 물결 위에 산꽃이 떠서
들 밖으로 흘러 흘러간다
승지勝地를 사람이 모르더니
사람들 알게 되면 어떡하나?

셋째 굽이 어디메뇨
취병翠屛에 잎사귀 덮인 곳
푸른 나무에는 산새들 있어
오르내리며 지저귀네
반송에 부는 시원한 바람
조금도 무더위 모를네라

넷째 굽이 어디메뇨
송애松崖에 해지는 곳
못 속에는 바위 그림자 거꾸로 서서
온갖 색깔이 모두 잠겨있네

숲이랑 샘이랑 깊을수록 더 좋아
그윽한 흥취 가누기 어려워라

다섯째 굽이가 어디메뇨
은병이 가장 보기 좋은 곳
물가에는 정사도 있어
깨끗하고 시원하기 한량없어라
그 안에서 늘 학문을 강론하며
달도 읊고 바람도 읊는다네

여섯째 굽이 어디메뇨
조계釣溪의 시냇물 넓기도 한 곳
모르겠네, 사람과 물고기 중에
그 즐거움 어느 쪽이 더 할런지?
황혼에 낚싯대 둘러메고서
무심히 달빛 띠고 돌아온다네

일곱째 굽이 어디메뇨
풍암楓巖에 가을 빛 선명한 곳
하얀 서리 살짝 내리자
절벽이 그야말로 비단일세

차가운 바위에 홀로 앉았노라면
그대로 집 생각 잊어버린다

여덟째 굽이 어디메뇨
금탄琴灘에 달이 한창 밝은 곳
옥 거문고 금 거문고로
무심히 두서너 곡 타 보는데
옛 가락 아는 이 없으니
혼자서 즐긴들 어떠리

아홉째 굽이 어디메뇨
문산文山에 세모歲暮 철이 다가온 곳
기이한 바위 괴상한 돌멩이도
모두 눈 속으로 모습 감추었다
유람객들 제 와서 보지도 않고
공연히 좋은 경치 없다 하누나

2장
세상 경영에 관한 글

만언봉사萬言封事

신이 생각하옵건대, 정사를 돌볼 때에는 때를 아는 것이 중요하고, 일을 할 때에는 실實에 힘쓰는 것이 중요합니다. 정사를 하면서 때에 알맞게 할 줄 모르고, 일을 당하여 진실한 공효功效에 힘쓰지 않는다면, 비록 성왕聖王과 현신賢臣이 어울렸다 하더라도 정치의 효과는 나타나지 않을 것입니다. 삼가 생각하옵건대, 전하께옵서는 총명하고 영특하시어 선비를 좋아하고 백성을 사랑하시며, 안으로는 음악과 주색을 즐기시는 일이 없으시고, 밖으로는 말을 달리며 사냥하는 기호를 끊고 계시며, 옛날의 임금들이 마음을 흐리게 하고 덕을 해치는 일이라 하던 것들은 모두 전하께서 좋아하시는 바가 아닙니다. 노련하고 성숙한 이들에게 의지하고 인망 있는 이들을 뽑아 쓰시며, 뛰어나고 훌륭한 이들을 널리 불러들이니 벼슬길이 점차 맑아지고, 곧은 말을 너그러이 받아들이니 공정한 의론이 성행하여, 온 조야朝野(조정과 민간을 통틀어 이르는 말)가 흠모하면서 지극한 정치를 바라고 있습니다. 그러니 마땅히 기강이 바르게 떨쳐지고 민생은 생업을 즐기고 있어야만 할 것입니다.

그러나 나라의 기강으로 말할 것 같으면, 개인의 이익만을 좇고 공익은 무시하는 것이 옛날과 다름없고, 법령과 명령대로 행하지 않는 것도 옛날과 같으며, 여러 관리들이 직무를 태만히 하는 것도 옛날과 같습니다. 나라의 민생으로 말할 것 같으면, 집안에 일정한 재산이 없는 것이 옛날과 같고, 흘러 다니며 일정히 살 곳을 잃고 있는 것도 옛날과 다름이 없으며, 방탕하고 사악하여 악한 짓을 일삼는 것도 옛날과 같습니다. 신은 일찍이 개탄을 하면서 속으로 그 까닭을 깊이 연구하여 전하께 한번 아뢰고자 하였으나 그 기회를 얻지 못하고 있었습니다. 어제 전하께옵서 천재天災로 말미암아 대신들을 깨우치신 교지敎旨를 보옵건대, 전하께옵서도 역시 크게 의심하시고 깊이 탄식하시며 진휼振恤(흉년에 가난한 사람들을 도와 줌)할 방책을 듣기를 바라고 계시니, 이때야말로 뜻있는 선비라면 말을 다할 시기일 것입니다. 애석하게도 대신들은 지나치게 황송하고 당혹하여 말로 그들의 뜻을 다 표현하지 못하고 있는 것입니다.

대체로 재변災變이 일어나는 것은 하늘의 뜻이 깊고 원대遠大하기 때문에 본래 이유를 헤아리기 어려운 것이나, 다만 임금을 인애仁愛하기 때문임이 확실한 일입니다. 옛날을 두루 살펴보건대, 명철한 임금이나 올바른 임금으로 유위有爲한 다스림을 할 수 있으면서도 정사를 간혹 제대로 닦지 않는 다면 하늘은 반드시 꾸짖음을 나타냄으로써 그를 경동驚動케 하였습니다. 포악하고 다스림을 포기한 임금에 이르러는 하늘에 대하여 서로 잊게 되는 것이니, 곧 반대로 재변이 없게 되는 것입니다. 그러므로 재변이 없는 재난이야말로 천하에서 가장 지극한 재앙인 것입니다. 지금 전하께옵서는 명철하고 성스러우신 위에 유위有爲한 일을 하실 만한 자리에 계시고 유위한 일을 하실 만한 때를 만나고 계신대도, 기강이 그러하고 민생이 그러하니, 하늘이 맡기신 일을 놓고 볼 때 그 책임을 다하지 못했다고 할 것입니다. 설사 지금 상서로운 별이 날마다 나타나고 경사스런 구름이 날마다 생겨난다고 하더라도, 전하께서 위태로워하고 두려워하심은 더욱 스스로 용납할 길이 없으실 것입니다. 여러 가지 재변이 거듭 드러나고 하루도 아무 일 없이 지나지 않은 것은 바로 하늘이 전하를 인애仁愛하심이 지극하기 때문입니다. 전하께서는 두려워하시며 마음을 닦고 반성하는 일을 조금이라도 태만히 할 수 있겠습니까. 비록 그러하나 때에 알맞게 할 줄 모르고 진실한 공효에 힘쓰지 않는다면 위태로워하고 두려워함이 절실하다 하더라도 정치의 효과는 끝내 아득히 나타나지 않을 것이니, 민생을 어찌 보전하겠으며 하늘의 노여움을 어찌 멈추게 할 수 있겠습니까. 신은 이제 한 가지 터득한 속마음을 다 털어놓음으로써, 먼저 고질이 된 폐해에 대해 진술하고, 다음엔 이를 구제할 방책을 아뢰겠습니다. 바라옵건대, 전하께옵서는 마음을 너그러이 하시고 기분을 평이하게 지니시어, 이것이 번거로운 글이라 싫어하지 마시고, 이것이 비위에 거스른다 하여 노여워 마시며 밝은 살핌을 드리워 주시옵소서.

이른바 때에 알맞게 한다는 것은 때에 따라 변통變通을 하고 법을 마련하여 백성을 구제하는 것을 말합니다. 정자程子께서 『역易』을 논해 "때를 알고 형세를 아는 것이 『역』을 배우는 큰 방도다."라고 말했고, "때에 따라 변역變易하는 것이 바로 영원불변의 도道이다."라고 하였습니다. 대개 법이란 때에 따라 제정하는 것이니, 때가 바뀌면 법도 달라지는 것입니다. 전에 순舜임금이 요堯임금을 계승하였는데, 마땅히 같아야만 하는데도 9주州를 나누어 12주로 만들었고, 우禹임금이 순임금을 계승하였으니, 마땅히 같아야 하는데도 12주를 개혁하여 9주로 만들었습니다. 이것은 어찌 성인들이 변혁을 일으키기를 좋아했기 때문이겠습니까. 다만 때에 따라 그러하였을 따름입니다. 그러므로 정자께서 말하기를 "요·순·우는 연이어 왕위를 계승하였기 때문에 그들의 문채文彩와 기상도 역시 자연히 조금씩 달랐던 것이다."라고 하였습니다. 하夏나라와 상商나라 이후로 내려와서는 그 사이에 조금씩 변한 것들은 이루 다 열거할 수 없고, 그 중 큰 것들만을 말씀드린다면, 하나라 사람들은 충忠을 숭상하였는데, 충에 폐단이 생긴 까닭에 상나라에서는 그것을 질質로 구제하였고, 그 질에 폐단이 생긴 까닭에 주나라에서는 그것을 문文으로 구제하였는데, 문에 폐단이 생겨도 구제하지 않게 된 뒤에는 천하가 혼란해져서 강폭强暴한 진秦나라로 들어가게 된 것입니다. 진나라는 포학하여 『시경詩經』『서경書經』 같은 전적을 모두 태워버린 끝에 망하였습니다. 한漢나라가 일어나서는 그 폐단을 거울삼아 너그러움과 덕德을 숭상하고 경술經術을 높였는데, 그것이 폐단이 됨에 이르러서는 헛된 문식文飾이나 숭상하여 실질적인 절의는 없게 되어, 나라의 권세가 외척에게로 옮아가고 아첨과 간사함이 일반 풍조로 되어버렸습니다. 세조世祖[6]가 일어나 절의를 장려하고 숭상하니 이에 선비들도 명예와 절개를 지키기에 힘썼으나, 그것도 폐단이 되어 예禮로써 조절할 줄 모르고 죽음 보기를 제 집으로 돌아가는 일처럼 하였습니다. 지나친 절개는 옳은 것이 못되어 사람들이 모두 그것을 싫어하였습니다. 그러나 그 때엔 현명한 임금이 나와 그것을 구제하지 못하였기 때문에, 지나친 절개가 변하여 위魏·진晉의 방탕放蕩함이 되었는데, 헛되고 공연한 것을 숭상하여 예의와 법도가 없어졌습니다. 예의와 법도가 없어지자 오랑캐와 다름이 없게 되었으므로, 오호五胡[7]가 중화 땅을 어지럽혀 중원은 지극한 혼란에 빠지고 정치의 혼란은 극하게 되었습니다. 그러므로 당唐나라 정관貞觀[8]이 다스린 것인데, 폐단을 구제하는 일이 미진하여 그들의 도道에는 아직도 오랑캐의 풍습이 있었으니, 삼강三綱이 바르지 않아 임금은 임금답지 못하고 신하는 신하답지 못하였으며, 번진藩鎭[9]은 복종치 아니하고 권신權臣들이 날뛰어 어지러워진 끝에 오대五代의 난[10]이 일어났습니다. 송宋나라가 일어나서는 번진의 환란을 억누르고 병권兵權을 없애버려 위엄과 권력을 거두어 잡았습니다. 그러나 진종眞宗[11] 이후로 태평에 젖어 기강이 점점 해이해졌고 무략武略(군사상의 책략)에 힘쓰지 않았습니다. 인종仁宗[12]은 비록 재부財富와 백성의 번성함을 극하게 하였으나 퇴폐적인 기상이 이미 현저하였으므로, 당시의 위대한 현인들이 모두 변통할 방책을 생각했습니다. 곧바로 신종神宗[13]에 이르러 변혁할 만한 기회를 맞이하여 유위有爲한 일을 하려는 뜻을 떨쳤는데, 임금의 신임을 받았던 사람이 왕안석王安石[14]이어서, 인의仁義는 뒤로 하고 공리功利를 앞세웠고, 하늘의 뜻과 사람의 도리를 어기면서 혼란과 멸망은 재촉하였으니, 도리어 변혁을 하지 않은 것이 더 나을 정도가 되고, 큰 화를 불러일으켜 중하中夏를 오랑캐로 변하게까지[15] 하였습니다. 그 밖의 것이야 또 말할 것이 무엇이 있겠습니까. 예부터 후세에 이르는 수천 년 동안의 역대 치란의 자취는 대체로 이와 같은데, 때를 따라 폐단을 잘 구제한 것은 오직 하·은·주 삼대뿐인 것을 알게 됩니다. 삼대 이후로는 폐단을 구제한 일도 본시 드물기도 하였거니와 또한 그 올바른 방도를 다하지도 못하였습니다. 대체로 때에 따라 변혁할 수 있는 것은 법령과 제도이며, 고금을 통해 변혁해서는 안 되는 것은 왕도王道요, 인정仁政이요, 삼강三綱[16]이며, 오상五常[17]입니다. 후세에는 도리와 방법에 밝지 못하여, 변혁해서는 안 될 것은 때에 따라 개혁을 하고, 변혁해도 괜찮은 것은 때에 따라 굳게 지켰습니다. 이것이 잘 다스려지던 날은 언제나 적었고 어지러운 날들이 언제나 많았던 까닭입니다.

또한 우리 조선으로 말씀드릴 것 같으면, 기자팔조箕子八條[18]에 대하여는 문헌상 고증할 수 없으며, 삼국이 정립 대치하여 어지러웠을 때에는 정교政敎에 관하여 알려진 것이 없고, 전 왕조 5백 년은 비바람 치고 깜깜한 날씨 같은 시대였습니다. 우리 왕조에 이르러 태조께서 국운을 열었고, 세종께서는 조종의 이루어 놓으신 공적을 지키시며 처음으로 『경제

육전經濟六典』[19]을 사용하셨으며, 성종조에 이르러『대전大
典』[20]을 간행하였고, 그 뒤로도 때때로 입법을 하여『속록續
錄』[21]이라 불렀습니다. 대체로 성군께서 성군을 계승하셨으
니 의당히 같지 않은 것이 없어야만 할 것인데도, 혹은『경제
육전』을 사용하기도 하고 혹은『대전』을 사용하기도 하였고,
거기에 더 보태어『속록』이 나온 것은, 다만 때로 말미암아
그렇게 하였을 따름입니다. 그러한 시대에 올바른 생각을 건
의하여 새 제도를 만들어도 사람들이 괴이하게 여기지 아니
하였고, 법령의 시행에 지체됨이 없어 백성은 편히 쉬면서 살
아갈 수 있었습니다. 연산군은 정치를 어지럽게 하고 씀씀이
가 사치스럽고 번거로워 조종祖宗의 공법貢法[22]을 변혁해 나
날이 백성을 짜서 임금에게 보탬이 되게 하는 것을 일삼았습
니다. 중종 때 반정反正을 하였으니, 정치는 마땅히 옛날과
같아야 할 것인데, 초년에 나라 일을 맡은 사람들은 단지 공
신으로서 무식한 사람들뿐이었습니다. 그 뒤, 기묘년[23]의 여
러 어진 사람들이 약간 일을 제대로 해보려 하였으나 참소讒
訴(남을 헐뜯어서 죄가 있는 것처럼 꾸며 윗사람에게 고하여 바침)
를 당해 극형을 받았습니다. 이어 을사사화乙巳士禍는 기묘사
화보다도 더 참혹하였으니, 이후부터 사림은 두려워하고 조
심하며 구차히 살아가는 것만을 다행으로 여기게 되어 감히
나라 일에 대해 발언도 하지 못하게 되었습니다. 그러니 오직

권세 있는 간악한 무리들만이 마음 놓고 멋대로 행동하며, 자기들에게 이익이 되는 것이면 옛 법도라고 주장하며 준수하도록 하고, 자신에게 방해가 되는 것이면 새 법도라고 하며 개혁하여 없애버렸으니, 그 결과를 요약하면 다만 백성을 약탈하여 자기만을 살찌게 하는 것일 뿐이었습니다. 나라의 형세가 날로 기울어지고 나라의 근본이 날로 허물어져 가는 일에 대해서는 그 누가 털끝만큼이라도 마음을 쓰겠습니까.

다행히도 성명聖明하신 임금님을 만나 학문에 마음을 두시고 백성의 삶에 마음을 드리워 주시니, 때에 맞도록 법을 마련하여 온 세상을 바로잡아 구제하여 줄 수 있게 되었습니다. 그러나 전하께옵서는 섣부른 짓이 될까 걱정하시어 개혁하려는 생각이 적으시고, 신하된 자들은 남을 논할 때에는 왕안석과 같은 환란이 생길까 두렵다 하고, 제 몸을 아끼는 입장에서는 기묘의 화란을 당하게 될까 두렵다 하여 아무도 감히 개혁에 대한 발의를 못하고 있습니다. 시험 삼아 오늘날 정치에 대해 말씀드리면, 공법은 연산군 때에 백성을 학대하던 법을 그대로 지키고 있고, 관리의 임용은 권세 있는 간신들이 청탁을 앞세우던 습성을 그대로 따르고 있으며, 문예文藝를 중시하고 덕행德行을 경시하여 덕행이 높은 이는 끝내 굽혀 작은 벼슬에 머물게 되고, 문벌을 중히 여기고 어진 인재를 가벼이 여겨 집안이 빈한한 자들은 그의 능력을 펴보지 못하며, 승지가 들어가 임금님께 아뢰지 못하기 때문에, 가까운 신하들은 소원해지고 환관과 친근하게 되고, 시종侍從[24]이 정의廷議에 참여하지 못하기 때문에 유신儒臣을 가벼이 여기고 속론俗論을 중시하며, 한 관직에 오래 있지 아니하고도 거듭 승진하여 출세하는 것을 영예로 여기고 있고, 직무를 분별하지 않고 오로지 일은 말단 관리에게 맡기는 것을 능사로 삼고 있습니다. 나쁜 습성과 그릇된 규칙들은 낱낱이 아뢰기 어려운 정도인데, 그것들은 기묘사화 때 시작된 것이 아니면 반드시 을사사화 때 나타난 것들입니다. 그러나 지금의 논자들은 조종의 법도인 것처럼 여기어 감히 개혁하자는 이론을 펴지 못하고 있는데, 이들이야말로 이른바 때에 알맞게 하는 것을 알지 못하는 자들입니다.

대체로 비록 성왕이 법을 만들었다 하더라도 만약 현명한 자손이 없어 알맞은 변통을 하지 못한다면 마침내 반드시 폐단이 생기게 될 것입니다. 그러므로 주공周公[25]은 위대한 성인이지만 노魯나라를 다스렸으되 뒷날 쇠퇴할 형세를 떨치게 해 놓을 수는 없었고, 태공太公[26]은 위대한 현인이었지만 제齊나라를 다스렸으되 뒷날 왕위를 찬탈簒奪할 싹을 막아 놓을 수 없었던 것입니다. 만약 제나라와 노나라에 현명한 자손들이 나와 조종의 남긴 뜻을 잘 따르며 법에만 구애받지 않았던들 어찌 쇠란衰亂해지는 환란을 당하게 되었겠습니까.

우리나라 조종들께서도 입법을 하던 당초에는 물론 극히 빈틈없었던 것이나, 200년이 지나는 동안 때도 바뀌고 일도 변하여 폐단이 없지 않게 되었으니 잘 변통해야만 할 것입니다. 하물며 후일에 제정된 그릇된 법규야 마땅히 불을 끄고 물에 빠진 사람을 구해주듯 서둘러 개혁해야만 되지 않겠습니까. 전傳에 이르기를 "궁窮하면 변하게 되고, 변하면 통通하게 된다."[27]고 하였으니, 바라옵건대 전하께서 유념하시어 변통하는 근거에 대하여 생각하여 주십시오. 이른바 실공實功이란 일을 하는 데 참되고 헛된 말을 하지 않는다는 뜻입니다. 자사子思께서 말씀하시기를 "참되지 않으면 어떤 사물事物도 없다."[28]고 하였고, 맹자孟子께서는 "지극한 참에는 움직이지 않는 것이 없다."[29]고 하였습니다. 진실로 실공이 있다면 어찌 실질적인 효과가 없을 수 있겠습니까. 오늘날의 다스림이 효과를 얻지 못하고 있는 것은 진실한 노력이 없기 때문인데, 걱정해야 할 일이 일곱 가지가 있습니다. 첫째로 걱정해야 할 것은 위아래 사람들이 서로 믿는 실상이 없다는 것이요, 둘째로 걱정해야 할 것은 신하들이 일을 책임지려는 실상이 없다는 것이요, 셋째로 걱정해야 할 것은 경연經筵이 아무 것도 성취하는 실상이 없다는 것이요, 넷째로 걱정해야 할 것은 현명한 사람을 초치招致하여 거두어 쓰는 실상이 없다는 것이요, 다섯째로 걱정해야 할 것은 재변災變을 당해도 하늘의 뜻에 대응하는 실상이 없다는 것이요, 여섯째로 걱정해야 할 것은 여러 가지 정책에 백성을 구제하는 실상이 없다는 것이요, 일곱째로 걱정해야 할 것은 인심이 선善을 지향하는 실상이 없다는 것입니다.

'위아래 사람들이 서로 믿는 실상이 없다.'는 것은 무엇을 말하는 것이겠습니까. 임금과 신하의 교제란 마치 하늘과 땅이 서로 만나는 것과 같습니다. 『역경易經』 구괘姤卦의 단전象傳에 말하기를 "하늘과 땅이 서로 만나니 온갖 물건이 모두 빛난다."고 하였는데, 정자程子의 전傳에 해설하기를 "하늘과 땅이 서로 만나지 못하면 만물이 생기지 못하고, 임금과 신하가 서로 만나지 못하면 정치가 일어나지 못하며, 성인과 현인이 서로 만나지 못하면 도덕이 형통하지 못하고, 사물이 서로 만나지 못하면 공용功用이 나타나지 않는다."고 하였습니다. 그러므로 밝은 임금과 훌륭한 신하가 서로 만나 마음이 서로 통하면 친밀하기가 부자父子와 같고 합심되기가 마치 부신符信[30]과 같다면, 가까운 친척이라 할지라도 그 사이를 이간하지 못하며, 뭇 사람의 입이라 할지라도 그 사이에 용납될 여지가 없게 될 것입니다. 그러한 뒤에야 말이 실행되고 정책이 활용되어 여러 가지 업적이 이룩되는 것입니다. 하·은·주 삼대의 성왕들도 모두 이 도를 따랐습니다. 임금과 신하가 서로 깊이 믿지 아니하고도 다스림의 효과를 이룩할 수 있는 경우란 있을 수 없는 것입니다. 홀로 생각하건대, 전하께서 명철하심에는 남음이 있으나 덕을 베푸심은 넓지 못하며, 선善을 좋아하심은 얕지 않으나 의심이 많으신 점은 버리지 못하고 계십니다. 그러므로 여러 신하들 중에 올바른 의견을 아뢰기에 힘쓰는 사람들은 그들이 지나치고 외람된 것이 아닌지 의심하고, 기개와 절조를 숭상하는 사람들은 그들이 남보다 빼어나려 애쓰는 것이 아닌지 의심하고, 여러 사람들의 찬양을 받으면 그들이 당파가 있는 것이 아닌지 의심하고, 죄짓고 잘못한 것을 공격하면 그들이 편파적으로 모함하는 것이 아닌지 의심하고 계십니다. 더욱이 명령을 내리실 때에는 말씀과 억양, 좋아하고 싫어하시는 것이 일정치 않으십니다. 심지어 며칠 전 교지敎旨에 말씀하시기를 "대언大言을 다투어 아뢰고 전에 없던 일을 행하기 좋아하니, 마땅히 풍속이 순박해지고 정치가 올바로 될 것이다."라고 하셨는데, 이 교지가 나오자마자 여러 사람들의 의혹은 더욱 늘어났습니다. 옛 사람이 말하기를, "선善은 말하기는 어렵지 않으나 선을 행하는 것은 어렵다."고 하였고, 소옹邵雍[31]은 말하기를 "잘 다스려지는 세상에서는 덕을 숭상하고, 어지러운 세상에서는 말을 숭상한다."고도 하였습니다. 고금 천하에 대언을 다투어 아뢴다고 해서 풍속이 순박해지고 정치가 올바로 된 일이 어디에 있었습니까. 또한 전하께서는 대언을 옳다고 여기십니까, 그르다고 여기십니까. 만약 그것이 옳은 것이라면 그 대언大言이란 것은 다만 임금을 인도하여 올바른 도道에 알맞게 하고 지극한 다스림에 이르도록 하려는 것일 따름일 것입니다. 전하께서는 마땅히 그 의견을 채택하기에 겨를이 없을 것이요, 다투어 아뢴다고 해서 그것을 기롱欺弄(남을 속이거나 비웃으며 놀림)하거나 풍자해서는 안 될 것입니다. 좋은 말이 있어도 그것을 채용하지 않는다면 그것은 무익하게 되고 마는 것입니다. 그러므로 자사子思가 신하가 되었어도 노魯나라 목공繆公의 영토가 줄어드는 것이 더욱 심하기만 하였고, 맹자孟子가 경卿이 되었어도 제齊나라 선왕宣王의 왕업은 흥성해지지 않았습니다. 하물며 오늘날 진언하는 사람들이란 자사나 맹자 같은 사람들도 아니려니와, 그 말을 채택하였다는 실상에 대하여도 들어본 일이 없는데 어떠하겠습니까. 시사時事가 제대로 다스려지지 않는 게 무엇이 이상합니까. 만약 그것이 그른 것이라면 그것은 바로 말을 지어내고 사단을 일으키는 무리일 것입니다. 전하께서는 마땅히 부화浮華하고 경조輕躁함을 억누르고 돈독하고 착실함에 힘쓰시어 조정을 편안히 하고 인심을 진정시키셔야지, 대언大言을 훌륭한 일이라 여기시면 안 될 것입니다. 아! 훌륭한 이론인데도 그것을 다투어 아뢴다고 탓한다면 사기가 저해되고 사악한 길이 열리게 될 것이며, 부화하고 경조한 것인데도 그것을 대언이라 찬미한다면 허위가 자라나고 진실한 덕이 없어지게 될 것입니다. 전하께서는 반드시 이 가운데 한 가지를 택하십시오. 그렇지 않으시면 전하께서는 실상 깊은 뜻은 없이 말씀만을 우연히 실수하신 것인지도 모르겠습니다. 전하께옵서는 여러 신하들에 대한 깊은 신임이 부족한 흠이 있습니다. 그러므로 여러 신하들도 성상의 뜻이 있는 곳을 알지 못하여 언제나 성상의 교지가 내릴 때마다 한 마디 말씀만 이상하면 모두 눈을 크게 뜨고 마음속으로 두려워하면서 늘 헤아릴 수 없는 깊은 연못을 대하는 듯합니다. 어제 대신들이 부르심을 받았을 때에도 다만 모두 황공해하였을 따름이지, 성상의 마음을 돌리고 세도世道를 구할 수 있는 계책을 아뢴 이는 하나도 없었습니다. 만약 대신들이 전혀 식견識見이 없다면 그만이겠으나, 만약 식견이 있다고 한다면 어찌 전하께서 여러 사람들의 의견에 귀를 기울이시지 않음을 미리 걱정해서 그러는 것이 아니겠습니까. 심지어 한 낭관郎官[32]을 차출하여 초라한 한 고을을 맡길 때에도 성상의 마음은 백성을 걱정하는 것이지, 반드시 다른 뜻이 있기 때문이 아닐 것이니 또한 이상한 일도 아닙니다. 그러나 조정의 선비로서 훌륭한 명성이 있는 사람들은 모두 스스로 불안한 마음을 품게 되니, 전하의 정성이 평소에 신임을 받지 못하였기 때문에 그렇게 되는 것이 아니겠습니까. 옛날의 성왕들은 마음 씀이나 일을 처리함이 푸른 하늘의 밝은 해와 같아서 만물을 보았으며, 어리석은 백성에 이르기까지도 상의 뜻을 밝게 알지 못하는 자가 없었습니다. 그러므로 그들을 죽인다 해도 원망하지 않았고, 그들을 이롭게 해준다 하더라도 은공으로 여기지 않았습니다. 지금은 가까이서 모시는 신하들조차도 성상의 마음을 알지 못하고 있으니, 하물며 다른 사람들이야 어떠하겠습니까. 옛날 중묘中廟와 조광조趙光祖의 관계는 성인과 현인이 만난 것이라고 말할 만했습니다. 그러나 음흉하고 사악한 것이 갑자기 옆구리로 끼어들어 밝은 거울이 먼지와 때로 가리어진 것처럼 되니, 낮에 어전에서 응대를 하다 밤에는 천 길 구렁텅이로 떨어져버린 꼴이 되었습니다. 지금의 사림士林은 화살에 입은 상처[33]는 겨우 아물었으되, 나머지 두려움을 아직도 지니고 있는 꼴입니다. 소신은 일찍이 천견淺見으로 이렇게 논한 일이 있습니다. "중종께서는 본시 성군聖君이셨지마는 지나치게 남의 말을 그대로 받아들이시어, 군자들의 말도 들어가기 쉬웠지만, 소인들의 참언讒言도 들어가기 쉬웠습니다. 지금의 성상께서는 그렇지 아니하시어 남의 말은 반드시 자세히 살피시고 소홀히 듣지 아니하시니, 군자도 사귀기 어려우나 소인들 역시 감히 함부로 도리에 어긋나는 짓을 하지 못합니다. 성상의 대에는 절대로 사림에게 화란은 없을 것이나, 다만 백성이 궁해지고 나라가 피폐해지는데도 변통할 방책이 없어서 마침내는 흙더미가 무너지는 형세가 되고 말 것이 두렵습니다." 지금의 선비들 중에 신의 말을 믿는 사람이 몇 명이나 되겠습니까. 임금과 신하가 서로 어울릴 때 정성과 신의가 부합되지 못하면서도 치평治平을 보전했다는 일은 옛날부터 지금에 이르기까지 들어본 일이 없습니다. 이 것이 첫째로 걱정하는 일입니다.

'신하들이 일을 책임지려는 실상이 없다.'는 것은 무엇을 말하는 것이겠습니까. 벼슬자리를 마련하고 직책을 나누어 놓아 각기 모두 맡은 일이 있습니다. 삼공三公[34]은 모두 기무 機務(밖으로 드러나지 않게 비밀을 지켜야 할 중요한 일)를 통할統 轄하고, 육경六卿[35]은 여러 가지 업무를 나누어 다스리며, 시 종侍從은 따지고 생각하는 책임이 있고, 대간臺諫은 일을 살 피고 듣는 임무를 맡았으며, 아래로 여러 작은 벼슬자리에 이 르기까지 제각기 자신의 책임이 있습니다. 감사監司[36]는 지방 에 교화敎化를 펴고, 절도사節度使[37]는 변경邊境을 맡아 감독 하며, 수령守令[38]은 감사의 걱정을 나누어 맡고, 진장鎭將[39]은 국경 수비를 감독하는 등 각기 직책이 없는 이가 없습니다. 오늘날 삼공은 본시 인망人望이 두터운 분들인데도 감히 올 바로 건의하여 올바른 정책을 시행하지 못하고, 부질없이 공 손하고 삼가며 두려워하고 꺼리고만 있을 따름이어서, 전혀 나라를 잘 다스려 백성을 잘 살게 함으로써 세도世道를 만회

할 가망이 없습니다. 다른 사람들이야 또 무엇을 책임지려 하겠습니까. 대관大官들은 위에서 유유히 지내며 오직 앞뒤 눈치만 보기에 힘쓸 따름이며, 소관小官들은 밑에서 빈둥빈둥 지내며 오직 때를 보아 이익을 추구하는 짓이나 일삼고 있습니다. 기강을 바로잡는 일은 오로지 대간에게 맡기고 있으나, 다만 한두 명의 간사한 조무래기들을 잡아냄으로써 책임이나 면하려 하고 있고, 관리의 전형과 선임選任은 오로지 청탁 請託으로 이루어지는데, 한두 명의 명사名士들을 벼슬자리에 안배함으로써 공정하다는 핑계로 삼으려 하고 있습니다. 심지어 여러 낮은 벼슬아치들은 관장해야 할 것이 무슨 일인지 전혀 알지 못하고, 오직 날이 쌓이고 달이 감으로써 승진을 추구할 줄밖에 모릅니다. 크고 작은 관리들 중에야 어찌 한두 명의 공公을 위하여 사私를 잊는 사람이 없기야 하겠습니까. 다만 그들의 형세가 외롭고 약하여 유익한 도움이 되지 못하고 있는 것입니다. 감사는 돌아다니며 놀면서 스스로 즐기고, 음식 대접을 잘하고 못하는 것과 문서를 잘 만들고 못 만드는 것으로써 수령들의 잘잘못을 가렸으니, 관리의 처벌과 승진을 분명히 할 수 있는 이가 몇 사람이나 있겠습니까. 절도사는 엄한 형벌로써 자신의 위세를 드러내고 약탈로써 자신의 이익을 추구하며, 백성을 어루만져 편안케 하고 군사들을 조련하는 일은 두 가지 다 그 방책도 세우지 않고 있으니, 군무

軍務를 욕되지 않게 할 수 있는 자가 몇이나 되겠습니까. 수령들은 오직 백성에게서 거두어들여 자신의 이익이나 취하고 윗사람에게 아부하여 명예나 추구할 줄 알았지, 백성을 아끼고 위하는 데 마음을 쓸 수 있는 사람은 손꼽을 정도로 매우 드뭅니다. 진장鎭將들은 먼저 군졸의 수효나 따져 대역포代役布[40]가 얼마나 돌아오는지 계산할 따름이지, 나라의 방비를 걱정할 수 있는 자는 하나도 없습니다. 오직 서리胥吏[41]의 무리들이 기회를 틈타 중요한 일의 처리를 장악하고 있으니, 백성의 고혈膏血은 서리들의 손에 거의 바닥이 나버렸습니다. 심지어 병적兵籍은 가장 중대한 일인데도 뇌물이 요로要路에 횡행하며 가짜 문서가 진짜 기록을 혼란시키고 있으며, 촌민村民들은 소를 내주려 하나 색리色吏[42]들은 반드시 베(綿布)를 요구하여 소를 가지고 베를 바꾸게 되니 소 값이 갑자기 떨어져 서울과 지방이 모두 그러하고, 백성의 원망이 들끓고 있습니다. 하물며 다른 일들이야 어떠하겠습니까. 조식曺植[43]이 일찍이 말하기를 “우리나라는 서리胥吏 때문에 망할 것이다.”라고 하였습니다. 이 말은 비록 지나치기는 하나, 또한 일리는 있습니다. 이것은 여러 신하들이 일에 책임을 지지 않는 잘못에서 말미암는 것입니다. 관리들이 제각기 직책을 다한다면 어디 서리 때문에 망할 나라가 있겠습니까. 지금 만약 책임을 진 관리가 적절한 사람이 아니라 하여 그를 바꾸려

한다 해도, 한때의 인물들이 다만 이러할 뿐이어서 현명한 인재를 갑자기 마련하기도 어려울 것이며, 형벌과 법이 엄하지 않다 하여 그것을 중하게 하려 한다 해도, 법이 엄중해지면 간사한 자들이 더욱 불어날 것이며, 또한 엄중한 법만이 폐단을 구제할 수 있는 방책도 아닌 것입니다. 어떻게 할 수 없다고 해서 그대로 두면 곧 온갖 폐단이 날로 늘어나고 여러 가지 일들이 날로 그릇되어 민생民生은 나날이 곤궁해지고 혼란과 쇠망이 반드시 뒤따르게 될 것입니다. 이것이 둘째로 걱정하는 일입니다.

'경연經筵이 아무 것도 성취하는 실상이 없다.'는 것은 무엇을 말하는 것이겠습니까. 옛날에는 삼공三公[44]의 벼슬을 두어 사師는 교훈敎訓으로 교도하여 주었고, 부傅는 덕의德義를 가르쳐 주었고, 보保는 신체를 잘 보전케 하여 주었습니다. 이러한 법도가 폐지된 뒤로는 사師·부傅·보保의 책임이 오로지 경연에 속하게 되었습니다. 그러므로 정자程子도 "임금 덕의 성취는 책임이 경연에 있다."고 하였습니다. 경연을 설치한 것은 다만 글을 놓고 강독講讀하여 장구章句의 뜻이나 놓치지 않도록 하려는 것이 아니라, 미혹迷惑을 풀어줌으로써 도道를 밝히려는 것이요, 교훈을 받아들여 덕德을 더하게 하려는 것이요, 정치를 논하여 올바른 다스림을 마련하려는 것입니다. 그러므로 조종祖宗들께서는 경연관을 예로써 대우

하고 은덕恩德으로써 친근히 하여, 집안사람이나 부자 사이처럼 정의情意가 서로 잘 통했던 것입니다. 지금의 시신侍臣들은 대부분 학문이 부족하고 성의도 결핍되어, 혹은 입시入侍하기를 꺼리는 자가 있는가 하면 심지어 그것을 기피하려는 자까지도 있습니다. 그렇기는 하지만 어찌 정성과 깊은 생각을 품고 성상을 친근히 모시기를 바라는 사람이 없기야 하겠습니까. 근자에는 경연도 자주 열리지 않고 접견하는 일도 극히 드물거니와 예모禮貌를 엄숙히 하고 사기辭氣도 제대로 펴지 못하여, 말을 주고받는 일도 매우 드물고 강의와 질문도 자세하지 못하며, 정치의 요점과 시국의 폐단에 대하여도 물어보시는 일이 없으십니다. 간혹 한두 명의 강관講官이 성학聖學에 힘쓸 것을 권하는 일이 있었으나 역시 덤덤히 들으시기만 할 따름이었지, 몸소 시험하고 실천해 보려는 실상이 전혀 없었습니다. 경연이 파한 뒤에는 대내大內를 깊숙하니 쳐다보며 그저 안타까워 할 따름이요, 전하의 좌우에는 오직 내시들과 궁녀들만이 있을 따름이니, 전하께서 평소에 무슨 책을 보시고 무슨 일을 하시며 어떤 말을 듣고 계시는지 알 수 없습니다. 가까운 신하들도 이것을 알 수 없는 형편이니 하물며 밖의 신하들이야 어떠하겠습니까. 맹자孟子는 아성亞聖이시며 제齊나라 임금의 존경도 지극하였는데도 "하루 동안 해를 쪼이고 열흘 동안 차게 한다.(一暴十寒)" [45]는 데 대한 탄식을 하였습니다. 하물며 지금의 시신侍臣들이야 옛 사람에 비해 부족한 것이 많은데 그처럼 소외까지 당하고 있음에야 더어떠하겠습니까. 이것이 셋째로 걱정하는 일입니다.

'현명한 사람을 초치하여 거두어 쓰는 실상이 없다.'는 것은 무엇을 말하는 것이겠습니까. 옛날의 제왕들은 지극한 정성으로 현명한 이를 구하면서도 오직 미치지 못할까 두려워하였습니다. 그래서 혹은 꿈속에서 감응되기도 하고,[46] 혹은 낚시질하고 있는 상대를 만나기도 하였는데,[47] 그들은 오직 그 사람의 현명함을 인정하고 그것을 포상하고 장려하려는 뜻을 나타내기만 하였을 뿐만 아니라, 장차 그와 더불어 하늘이 맡겨주신 직위를 함께 누리고 그로 하여금 하늘의 녹을 먹도록 하여, 만백성에게 은택을 베풀도록 하였던 것입니다. 그러므로 그에 대하여 여론을 묻고, 말을 주고받음으로써 그를 살피고, 일의 처리로써 그를 시험하고 나서, 과연 그가 현명하다는 것을 알게 되면 곧 그 사람을 가까이 하고 그의 계책을 채용하여 그의 도를 행하도록 한 것입니다. 이와 같은 것을 두고 임금이 현명한 이를 존중하는 것이라 말하는 것입니다. 지금 전하께서도 선비를 사랑하고 현명한 이를 구하시는 것이 옛날보다 부끄러울 것이 없으며, 숨어 있는 곧은 이와 덕 있는 이들을 거의 모두 찾아내고 계시니, 그 성대하고 아름다운 은전恩典은 근고近古에 드문 일이라 하겠습니다. 그러나 천거를 할 때 대체적으로 어떤 사람은 쓸 만하다고 말할 따름이요, 상세한 행적에 대하여 말씀드리는 일이 없습니다. 담당 관리들로서는 이미 그 합당한 절차를 어긴 것이거니와, 성상께서도 친히 그 사람을 보시고 그의 현부賢否를 살펴보시는 일이 없이 다만 관례에 따라 그에게 벼슬을 줄 따름입니다. 몸을 닦고 행실을 돈독히 하는 것은 무엇을 구하는 게 있어서가 아니니, 초야草野엔들 어찌 작록爵祿을 무시하는 사람이 없겠습니까. 선비의 거취去就는 본시 한 가지만 있는 것이 아니니 작은 벼슬이라도 낮게 여기지 않는 사람이 있고, 재능을 품고 있으면서도 그것을 활용하지 아니하는 사람도 있습니다. 전하께서 현명한 이를 불러들일 때에는 오직 벼슬을 내려줄 따름이요, 만나보거나 살피고 시험하여 뽑아 씀으로써 도를 실천케 하는 실상이 전혀 없습니다. 그러므로 오늘날 천거를 받아 벼슬자리에 나아가는 사람들을 보면, 부모를 위하여 굴복하였다는 사람도 있고, 가난 때문에 벼슬을 한다는 사람도 있고, 다만 성은聖恩에 보답하기 위하여 왔다는 사람도 있으나, 도를 실천하기 위하여 나왔다는 사람에 대하여는 한 사람도 들어본 일이 없습니다. 현명한 사람을 구하는 것은 가장 아름다운 일 중 하나인데도 그 귀결歸結은 헛된 제도에 불과한 게 되고 말았으니, 정치의 도를 무엇을 통해 이룰 수 있겠습니까. 이것이 넷째로 걱정하는 일입니다.

‘재변을 당하여도 하늘의 뜻에 대응하는 실상이 없다.’는 것은 무엇을 말하는 것이겠습니까. 하느님의 임금에 대한 관계는 마치 부모와 자식의 관계와 같습니다. 부모가 자식에 대하여 노여움이 일어 그것이 말과 얼굴빛에 드러난다면, 자식은 비록 아무 잘못이 없다고 하더라도 반드시 공경하고 두려워함을 배가倍加하며 부드러운 안색으로 받들고 그 뜻을 따라 부모님이 기뻐하게 되어야만 비로소 안심하게 되는 것입니다. 하물며 잘못이 있는 자라면 더욱이 허물을 자책하며 애절히 사죄하고, 마음을 고치고 행동을 바꿔 공경을 다하고 효성을 다하여 반드시 부모가 기뻐하는 안색을 지니도록 해야 될 것입니다. 다만 위구심을 품고 문을 닫고 가만히 있기만 해서는 안 될 것입니다. 제왕으로서 천재를 당하였을 때에도 역시 그와 같습니다. 자신을 돌이켜보며 스스로 반성하고 정치를 잘못한 것이 없는지 두루 살피되, 자신에게 아무런 허물이 없고 정치에 결함이 없다손 치더라도 마땅히 더욱 닦고 힘쓰며 공경해 마지않아야만 할 것이요, 절대로 잘못이 없다 하여 자신을 용서해서는 안 됩니다. 하물며 자신에게 허물이 있고 정치에 결함이 있는 경우에는 어떻게 해야 되겠습니까. 반드시 여러 사람들의 의견을 요구하여 지식과 견문을 넓히고, 현명한 사람을 등용하여 부족한 능력을 메우고, 백성을 돌보아 부지런히 무마해 주고, 폐단을 개혁하여 정치를 흥성케 함으로써, 반드시 전 날의 잘못을 보정補正하고 하늘의 노여움을 되돌려 놓을 수 있도록 힘써야만 할 것입니다. 허둥지둥 아무런 방책도 없이, 마치 잘못을 저지른 자식이 문을 닫고 가만히 들어앉아 부모님의 노여움이 자연히 사그라지기만 바라고 있듯이 해서는 안 될 것입니다. 근년 이래로 늘 재난이 있어 사람들은 모두 습관이 되어버려 두려운 줄 알지 못하게 되었는데, 다만 흰 무지개가 해를 관통하는 변고가 극히 음산하였기 때문에 전하께서 마음속으로 놀라시어 공경하고 두려워하심을 더하게 되었으니, 혼란에서 회복하여 다스림을 마련할 기틀이 바로 오늘날 드러나고 있는 게 아니겠습니까. 이러한 기회를 맞이하고서도 닦고 다스리는 조치를 별로 행하지 않는 것은 무엇 때문입니까. 피전避殿과 감선減膳[48]을 한다는 것은 재난을 두려워함을 나타내는 형식이며 말단적未端的인 조치요, 덕을 발전시키고 정치를 닦는 것이야말로 재난을 두려워함을 나타내는 실상이며 근본적인 조치인 것입니다. 형식과 말단도 본시 폐지할 수 없는 것이지만 실상과 근본이 지금 어떻게 조치되고 있습니까. 이것이 다섯째로 걱정하는 일입니다.

'여러 가지 정책에 백성을 구제하는 실상이 없다.'는 것은 무엇을 말하는 것이겠습니까. 법령이 오래 되면 폐단이 생겨 피해가 백성에게로 돌아가게 되는 것이니 정책을 마련하여 폐단을 바로잡는 것이 백성을 이롭게 하는 방법입니다. 성상의 교지에 말씀하기를 "임금은 나라에 의지하고, 나라는 백성에게 의지하는 것이니, 여러 가지 벼슬자리를 마련하고 여러 가지 직책을 나누어 놓은 것은 오직 백성의 삶을 위한 것이다. 백성이 동요하게 된다면 나라는 그 무엇을 의지해야 하겠는가." 하셨습니다. 신은 여러 번 거듭 읽어 보고 자신도 모르는 사이에 감격하여 눈물을 흘렸습니다. 위대하도다, 임금님의 말씀이시여! 한결같도다, 임금님의 마음이시여! 이것이야말로 진실로 백성을 편안케 하고 하늘의 노여움을 되돌려 놓을 크나큰 기틀입니다. 삼대 이후로 임금과 신하들의 직책이 오직 백성의 삶을 위하는 것임을 알았던 임금이 몇 분이나 되겠습니까. 착하기만 하고 법도가 없으면 펴나가지 못하고, 법도만 있고 착한 마음이 없으면 행하지 못하는 것입니다. 전하의 백성을 사랑하는 마음이 본시 이와 같은데도 백성을 사랑하는 정치는 아직도 제대로 펴지지 않고 있습니다. 여러 신하들이 정책을 건의하는 것은 오직 그 말단적인 것만을 바로잡으려 하고 그 근본적인 것은 헤아리지도 아니하니, 그래서 듣기에는 아름다운 것 같으나 행해 보면 아무 내용도 없는 것입니다. 오늘 한 가지 계획을 진언하여 명목 없는 조세를 없앨 것을 요청해 보아도 여러 고을들의 세금 징수는 여전하고, 다음날 한 가지 일을 건의하여 전호田戶의 부역賦役을

균등히 할 것을 요청해 보아도 호족豪族들이 부역에서 빠지
는 것은 전과 다름이 없습니다. 노비를 뽑아 올리는 수량을
줄여 장차 공천公賤[49]을 되살아나게 해주고자 해도 지나치게
그 고통을 받는 자들이 떠돌아다니게 되는 것은 예나 다름이
없고, 방납防納[50]을 금하여 장차 백성의 재물을 낭비하는 일
이 없도록 해주고자 해도 거기에서 이득을 추구하며 교활하
게 날뛰는 일이 더욱 심해지기만 하는 형편입니다. 탐욕에 빠
진 관리를 탄핵하여 파면시킨다 해도 그의 후계자가 반드시
앞 사람보다 훌륭한 것도 아니니 공연히 마중하고 전송하고
하는 폐나 끼치게 되고, 국경을 지키고 장수를 선택할 것을
요청한다 해도 인망人望이 두터운 자가 반드시 신진新進보다
낫지도 않고 도리어 어려워하는 생각이 없는 형편입니다. 그
밖에 훌륭한 명령을 내리고 아름다운 법령이 반포된 것도 한
두 번이 아니지만, 주州와 현縣에 오직 몇 줄의 문서쪽지가
전달될 따름이지 촌민村民들은 그것이 무슨 일인지조차도 알
지 못합니다. 이렇기 때문에 군자들이 올바른 의논을 진언하
는 것과 백성의 삶은 아무런 상관도 없고, 다만 어떤 사람은
벼슬이 높아지고 출세를 하였으니 부러운 일이라고나 할 따
름이지, 어떤 사람이 등용된 덕분에 그 혜택이 백성에게까지
미치게 되었다고 하는 말은 일찍이 들어본 적이 없습니다. 훌
륭한 말이 이와 같이 아무런 효험도 없다면 비록 주운朱雲[51]

과 급암汲黯[52] 같은 곧은 신하가 조정에 가득하고 올바른 이론들이 귀에 가득히 들린다 하더라도, 백성이 궁해지고 재물이 다하여 사방으로 흩어져 떠돌아다니는 것이 무슨 도움이 되겠습니까. 오직 아뢰는 이론이 한번 잘못되기만 하면 그 피해가 지체 없이 백성에게 미치고 있습니다. 아! 괴이하게도 고금을 통해 들어보지 못한 현상입니다. 비유를 들면 마치 만 칸의 큰 집을 오랫동안 수리하지 않은 것과 같습니다. 크게는 들보에서 작게는 서까래에 이르기까지 썩지 않은 것이 없는데, 서로 떠받치며 지탱하여 근근이 하루하루를 보내고 있지만 동쪽을 수리하려 하면 서쪽이 따라 기울고, 남쪽을 보수하려 하면 북쪽이 일그러져 무너져버릴 형편이라, 여러 목수들이 둘러서서 구경만 하고 어떻게 손을 쓸지 모르고 있습니다. 그대로 두고 수리를 하지 않는다면 날로 더욱 썩어 문드러져 장차 붕괴되고 말 것입니다. 오늘날의 형세가 이것과 무엇이 다릅니까. 이것이 걱정되는 일의 여섯째입니다.

'인심이 선善을 지향하는 실상이 없다.' 는 것은 무엇을 말하는 것이겠습니까. 교화가 밝지 못하여 백성이 흩어진 지 오래되었고, 백성이 지킬 도리는 비록 존재한다 하지만 너무나 심히 흐려지고 좀먹었다는 것입니다. 성상께서 처음 등극하셨을 때에는 인심이 희망에 차서 선을 매우 지향하려는 생각들이 많았습니다. 만약 그때에 성상의 덕을 날로 발전시켜 다스림과 교화가 날로 향상되었더라면 오늘날의 인심이 어찌 이런 지경에 머물러 있겠습니까. 오직 초년에 대신들의 보필이 적절하지 못함으로 말미암아 전하를 천근淺近(지식이나 생각 따위가 깊지 않고 얕다)한 법규로 그르치게 하였고, 민생을 비천한 지경에 몰아넣었습니다. 간간이 밝고 깨끗한 마음으로 공론을 일으킨다 하더라도, 깨끗한 이론이 오히려 약세이고 저속한 견해가 고질화되어 있어, 훌륭한 말을 듣거나 훌륭한 사람을 보면 혹은 체면으로 흠모하는 자도 있고 혹은 겉으로 좋아하는 체하면서 속으로 꺼리는 자도 있고, 혹은 내놓고 손가락질 하면서 비난하는 자도 있습니다. 이처럼 진심으로 그 훌륭한 말과 훌륭한 사람을 좋아하는 사람이란 아주 드뭅니다. 그러므로 진실은 적고 허위가 성행되고 있어, 감옥에 갇혔다가 여러 사람들에게 구제를 받았다 하더라도 반드시 죄가 없기 때문이 아니고, 수령으로서 여러 사람들의 칭송을 받은 사람이라 하더라도 반드시 공적이 있기 때문이 아닙니다. 관천館薦은 본시 학행學行이 뛰어난 이를 구하기 위함이었는데, 술자리를 베풀어 많은 선비들을 유혹하는 자도 간혹 있게 되었고, 이선里選은 본래 단정하고 훌륭한 사람을 구하기 위함이었는데, 바른 행실을 버리고 염치에 어두운 자들도 가끔 끼어들고 있습니다. 만약 관리가 임용을 맡은 사람들까지도 그대로 따라 가릴 줄 모른다면, 곧 깨끗하고 바른 사람과 더럽고 비뚤어진 사람이 뒤섞이고 현명한 사람과 어리석은 사람이 엇섞여, 그 폐단은 구제할 길이 없게 될 것입니다. 그러면 아래 백성은 굶주림과 헐벗음으로 절박해져 본심을 모두 잃어, 부자 형제들 사이도 길거리 사람같이 보게 될 것이니, 그 밖에 일이야 더 말해 무엇 하겠습니까. 윤리 도덕을 지탱하지 못하고 형정刑政을 제대로 제어하지 못할 것입니다. 지금의 길을 따르며 지금의 습성을 바꾸지 않는다면, 비록 성현들이 윗자리에 있다 하더라도 교화를 펼 여지가 없을 것입니다. 향약鄕約을 널리 권장하는 것은 비록 아름다운 일이지만, 어리석은 신의 생각으로는 지금의 습성을 그대로 두고 향약을 실행한다면 또한 좋은 풍속을 이룩하는 효험이 없게 되지 않을까 두렵습니다. 이것이 일곱째로 걱정하는 일입니다.

무릇 이 일곱 가지 걱정은 금세의 깊은 고질이어서, 기강이 무너지고 민생이 곤경에 빠진 것이 주로 이것들로 말미암은 것입니다. 일곱 가지 걱정을 없애버리지 않고서는 비록 성상께서 위에서 수고로우시고 맑은 이론이 밑에서 성행한다 하더라도 나라를 보전하고 백성을 편안케 하는 효험은 나타나지 않을 것입니다. 옛날부터 임금이 덕망을 잃어 스스로 패망을 초래케 했던 것은 이세理勢도 그러하였으니 한 될 것이 없습니다. 그러나 오늘날은 성상께서 무슨 덕망을 잃은 일이 있다고 나라의 형세가 이와 같이 위태롭게 되었습니까. 신은 비록 병이 많고 재주가 적어 보필할 수 없음을 스스로 알고 있사오나, 구구한 피어린 정성은 여느 사람들에게 뒤지지 않습니다. 입궐하여 전하를 뵈면 영명스런 모습이 통철하시고 슬기로운 의논이 명쾌하신데, 밖으로 나와 사방을 돌아보면 백성은 울부짖으며 괴로워하고 혼란 속에 위축되어 갈 곳을 모르는 형편이니, 매우 괴이하게 여기며 긴 한숨을 짓고 마음을 졸이며 눈물을 흘리지 않은 적이 없습니다. 아! 병이 위중하게 되었다 하더라도 신의神醫라면 그래도 고칠 수 있고, 나라가 망할 지경에 이르렀다 하더라도 명철한 임금이라면 그래도 재홍시킬 수 있습니다. 지금의 조정은 아직도 맑고, 권세를 잡았던 간신들도 자취를 감추었으며, 사경四境은 아직까지 완전하여 외란씨亂이 일어나지 않고 있습니다. 지금이라면 아직 어떤 조치를 할 수 있을 것이나, 조금이라도 늦춘다면 기회를 놓쳐 어찌할 수도 없게 될 것입니다. 맹자께서 말씀하시기를 "국가가 한가하면 이때를 타서 나라의 정형政刑을 닦으라."[53]고 하였습니다. 바라옵건대 전하께서는 이를 유념하시어 나라를 떨쳐 일으킬 방법을 생각해 주십시오.

이제 자신을 닦고 백성을 편안히 하는 요체要諦를 진언하여, 하늘의 천명天命이 영원하기를 비는 방법을 삼고자 합니다. 자신을 닦는 데에는 그 요강要綱이 되는 것으로 네 가지

조목이 있습니다. 첫째는 성상의 뜻을 분발하여 삼대의 흥성했던 시대로 되돌려 놓기를 기약하는 것이요, 둘째는 성학聖學을 힘써 성의誠意와 정심正心의 공효를 다하도록 하는 것이요, 셋째는 편벽된 사사로움을 버림으로써 지극히 공정한 도량을 넓히는 것이요, 넷째는 현명한 선비들을 친근히 함으로써 깨우쳐 주고 보필해 주는 이익이 되도록 하는 것입니다.

백성을 편안히 하는 요강으로 다섯 가지 조목이 있습니다. 첫째는 정성된 마음을 개방함으로써 여러 신하들의 충정衷情을 얻는 것이요, 둘째는 공안貢案[54]을 개혁함으로써 포악하게 거두어들이는 폐해를 없애는 것이요, 셋째는 절약과 검소를 숭상함으로써 사치스런 풍조를 개혁하는 것이요, 넷째는 선상選上[55]의 제도를 바꾸어 공천公賤의 고통을 덜어주는 것이요, 다섯째는 군정軍政을 개혁함으로써 안팎의 방비를 굳건히 하는 것입니다.

이른바 '성상의 뜻을 분발하여 삼대의 흥성했던 시대로 되돌려 놓기를 기약한다.'는 것은 이런 뜻입니다. 옛날에 성간成覸[56]이 제齊나라 경공景公에게 말하기를 "그도 장부요 나도 장부인데, 내가 어찌 그를 두려워해야 합니까."라고 하였습니다. '그'란 성현聖賢을 뜻합니다. 대체로 경공 같은 자질을 갖고도 분발하고 힘씀으로써 자신을 강하게 한다면 능히 성현과 같은 사람으로 귀착될 수 있기 때문에 성간이 그렇게 말

한 것입니다. 맹자께서는 양梁나라 혜왕惠王이나 제齊나라 선
왕宣王 같은 사람들에 대해서도, 왕도王道가 아니면 말씀하지
아니하였고 인정仁政이 아니면 권하지 아니하였습니다. 대체
로 양나라 혜왕이나 제나라 선왕 같은 자질을 갖고도 진실로
왕도를 실행하고 인정을 실시하기만 한다면 역시 삼왕三王[57]
과 비견比肩될 수 있기 때문에 맹자께서 그렇게 말씀하신 것
입니다. 이 분들이 어찌 큰소리나 치기 좋아하고 실질적인 효
과는 헤아리지 않는 사람들이겠습니까. 뵈옵건대 전하께서
는 자질이 매우 훌륭하시어, 인자하심은 백성을 보호하기에
족하고, 총명하심은 간사함을 분별하기에 족하고, 용무勇武
는 결단을 내리기에 족하신데, 다만 성왕이 되어 보겠다는 뜻
이 서 있지 아니하고, 다스림을 추구하는 정성이 독실篤實하
지 아니하며, 아예 선왕 같은 임금은 되기 바랄 수 없는 것이
라 하고 물러나 자신을 작게 평가하며, 전혀 떨치고 분발하려
는 생각이 없으십니다. 전하께서는 무엇을 보시고 그러한지
알지 못하겠습니다. 이른바 뜻은 크나 재능이 부족하여 일에
실패하는 자란, 자신을 닦는 일에는 힘쓰지 아니하고 실행하
기 어려운 정책을 함부로 추진하며, 세고 약한 것을 따져 보
지 아니하고 막기 어려운 적에 대하여 함부로 도전하는 따위
를 뜻합니다. 만약 그가 자신을 닦는 일에 진실한 공효功效가
있고 백성을 편안히 하는 일에 진실한 마음이 있다면, 현명한

사람을 구하여 함께 다스릴 수 있고 폐단을 개혁하여 시국을 구할 수 있을 것이니, 이것이 어찌 뜻이 커서 일에 실패하는 것이겠습니까. 정자程子께서 일찍이 말씀하시기를 "나라를 다스려서는 국운(天命)을 영원히 하는 데 이르고, 몸을 보양해서는 장생長生을 하는 데 이르고, 학문을 해서는 성인에 이르게 된다. 이 세 가지 일은 분명히 사람의 힘으로 조화造化를 이길 수 있는 것인데, 다만 사람들이 하지 않을 뿐이다."라고 하였습니다. 이 말은 정말 옳습니다. 자고로 진실한 노력을 하고도 그 실효가 나타나지 않았다는 말은 들어보지 못했습니다. 지금 세상 사람들이 힘써 선善을 행하지 않는 것은 오직 마음과 뜻이 다른 사물에 옮겨져 있기 때문입니다. 정교政敎와 풍속이 그렇게 되게 하고 있기 때문입니다. 교화가 밝지 않아 사람들의 욕망은 끝없이 부귀에 뜻을 두고, 즐기려는 욕망에 뜻을 두고, 환란을 피하는 데 뜻을 두고 있습니다. 학문을 하려니 도道가 시대에 어그러지기 때문에 부귀에 뜻을 둔 자라면 멀리 피하게 됩니다. 학문을 하려니 사욕을 멀리하고 욕망을 억제해야 되기 때문에, 즐기려는 욕망에 뜻을 둔 자라면 움츠리며 물러서게 됩니다. 학문을 하려니 거기엔 훼방이 반드시 일어나게 되기 때문에 환란을 피하는 데 뜻을 둔 자라면 하지 않으려 들게 됩니다. 이 어찌 정교와 풍속이 그렇게 되게 하고 있는 것이 아니겠습니까. 전하께서는 그렇지 않으십니다. 부귀는 이미 극도에 달했으니 도에 뜻을 두는 것이 어찌 오래도록 부귀를 지키는 방법이 되지 않겠습니까. 즐기려는 욕망은 반드시 담담할 것이니, 욕망이 어찌 사직을 편안히 하고 나라의 명맥을 오래도록 하는 데 있지 아니하겠습니까. 환란은 걱정할 일이기는 하나, 환란을 막는 길이 어찌 한 몸을 닦고 만민을 편안히 해 주는 데 있지 않겠습니까. 전하께서는 무엇이 거리껴 뜻을 세우지 아니하십니까. 옛 말에 이르기를 "뜻 있는 사람은 일에 꼭 성공한다."고 하였습니다. 바라옵건대, 전하께서는 낡은 견해를 씻어버리고 새로운 생각을 가지고 큰 뜻을 분발하시어 지극한 다스림을 일으킬 것을 기약하십시오. 이러한 뜻을 세우고 난 뒤에 대신들을 힘써 격려하여 그들로 하여금 여러 관리들을 감독하고 다스려, 여러 관리들이 마음을 고쳐먹고 생각을 바꿔 자기 직책에 힘쓰게 한다면, 그 누가 감히 낡은 습성을 그대로 따름으로써 일에 성실하지 않는 죄를 짓게 되겠습니까. 이와 같이 한다면 시국에 관한 일들을 구제할 수 있게 될 것이고, 세상의 도道를 회복시킬 수 있게 될 것이며, 하늘의 재변災變도 멎게 할 수 있을 것입니다.

이른바 '성학을 힘씀으로써 성의誠意와 정심正心의 공효를 다하도록 한다.' 는 것은 이런 뜻입니다. 큰 뜻을 비록 세웠다 하더라도 반드시 학문으로 그것을 충실케 한 연후에 말과 행동이 일치하게 되고 겉과 속이 서로 어울리게 되어 뜻을 어기지 않게 되는 것입니다. 학문의 방법은 성인의 교훈 속에 실려 있는데, 그 요체가 세 가지입니다. 곧 궁리窮理와 거경居敬과 역행力行이니 이것뿐입니다. 궁리는 또한 한 가지 방향만 있는 게 아니니, 안으로는 자신에게 있는 이치를 궁구하는 것으로서, 보고 듣고 말하고 행동하는 데 각각 그 규범이 있고, 밖으로는 만물에 있는 이치를 궁구하는 것으로서, 풀과 나무와 새와 짐승들에 각각 합당한 법칙이 있습니다. 집에서는 부모에게 효도를 다하고 처를 올바로 거느리며, 은혜를 두터이 하고 인륜을 올바로 하는 이치를 그때그때 잘 살펴야 하며, 사람들을 대할 때에는 현명함과 어리석음, 사악함과 올바름, 순수함과 결함됨, 교묘함과 졸렬함의 구별을 그때그때 잘 분별해야 하며, 일을 처리할 때에는 옳고 그름, 제대로 되고 잘못됨, 편안함과 위태로움, 잘 다스려짐과 어지러움의 기틀을 그때그때에 잘 살펴야 합니다. 이는 반드시 책을 읽어서 밝히고, 옛날 일을 상고하여 증명해야 하는 것이니, 이것이 궁리의 요체인 것입니다. 거경居敬은 움직이고 고요히 있는 것에 통용됩니다. 고요히 있을 때에는 잡된 생각을 일으키지 말고 맑고 고요하되 멍청하지 않고 또렷해야 하며, 움직일 때에는 일을 처리함에 한 가지에만 전심하고 이것저것을 생각지 말아 조금도 잘못이 없어야 하며, 몸가짐은 반드시 정제整

齊하고 엄숙해야 하고, 마음가짐은 반드시 신중하고 두려워해야만 합니다. 이것이 거경의 요체입니다. 역행力行이란 자신을 극복함으로써 기질적인 병폐를 다스리는 데 있습니다. 유약幼弱한 자는 교정하여 강해지도록 하고, 맥없는 자는 교정하여 꿋꿋해지도록 하며, 사나운 자는 온화함으로써 조절하고, 급한 자는 너그러움으로써 조절하며, 욕심이 많으면 그것을 맑게 하여 반드시 청정淸淨해지도록 하며, 사심私心이 많으면 그것을 바로잡아 반드시 공정해지도록 해야만 합니다. 쉬지 않고 스스로 힘쓰며 아침저녁으로 게을리 하지 않아야 합니다. 이것이 역행의 요체입니다. 궁리란 바로 격물치지格物致知이며, 거경과 역행은 바로 성의誠意·정심正心·수신修身입니다. 이 세 가지를 아울러 닦고 동시에 발전시켜 나가면 이치에 밝아져 접촉하는 곳마다 거리낌이 없게 되고, 속이 곧아져 의로움이 밖으로 나타나게 되며, 자신을 극복하여 처음의 본성을 회복하게 되고, 성의와 정심의 공효가 그의 몸에 쌓이게 되어, 윤택한 얼굴과 화락和樂한 몸으로[58] 집안을 바로 이끌고 형제들이 본받을 만하게 되며, 그것이 나라에 통달되어 교화가 행해지게 되고 풍속이 아름답게 될 것입니다. 주자께서 말씀하시기를 "문왕의 정심正心·성의誠意의 공효가 골고루 퍼지고 스며들어 널리 적셨기 때문에, 남쪽 나라 사람들이 문왕의 교화에 감복感服하였던 것이다."[59]라고 하였습니다. 어찌 주자께서 상상과 억측으로 이런 말씀을 하신 것이 겠습니까. 성의와 정심의 공효는 반드시 나라에 두루 퍼지게 된다는 것을 정확히 알고 있었기 때문에 그렇게 말씀하신 것입니다. 바라옵건대, 전하께서는 높고 멀다 하여 행하기 어려운 것이라 여기지 마시고, 미세微細하다 하여 소홀히 여기지 마십시오. 언제나 평소에도 학문을 그치지 마시어, 사서四書 오경五經과 선현들의 격언 및 『심경心經』[60] 『근사록近思錄』[61] 같은 책들을 돌려가며 읽으시고 그 뜻을 깊이 연구하십시오. 성현의 뜻이 아니라면 감히 마음에 두지 마시고, 성현의 글이 아니라면 감히 보지 마십시오. 『예기禮記』「옥조玉藻」편의 구용九容[62]을 자세히 체득하시어, 어떤 생각이 나실 때에는 그것이 천리天理인가 인욕人欲인가 하는 빌미를 잘 살피십시오. 만약에 그것이 인욕이라면 그것이 드러나기 전에 끊어 없앨 것이며, 만약 그것이 천리라면 잘 밀고 나가 그것을 확충하십시오. 방심放心을 반드시 수습하시고, 사심私心을 반드시 극복하시며, 의관은 반드시 바르게 하시고, 바라보심은 반드시 높게 하시며, 기쁨과 노여움은 반드시 신중히 하시고, 말씀이나 명령은 반드시 순하게 하십시오. 그럼으로써 성의와 정심의 공효를 다하게 되는 것입니다.

이른바 '편벽된 사심을 버림으로써 지극히 공정한 도량을 넓힌다.'는 것은 이런 뜻입니다. 병폐를 시정하는 방법은 대략 앞에서 아뢰었으나, 다만 편벽된 사심이란 한 가지 일은 고금에 통용되는 병환이기 때문에 일부러 드러내어 말씀드리는 것입니다. 만약 편벽된 사심을 털끝만큼이라도 떼어버리지 못하고 있다면, 요堯·순舜의 도道에는 들어가기 어려운 것입니다. 지금 전하께서는 청명淸明하심을 몸에 지니어 병폐는 본래 적사오나, 편벽된 사심 한 가지 생각만은 아직도 다 극복하시지 못하시므로, 천지와 더불어 그 위대함을 함께 누리시지 못하게 될까 두렵습니다. 근일에 내관內官이 직접 쓴 수본手本[63]을 바친 일 같은 것은, 신은 밖에서 휴가 중이었기 때문에 그 상세한 것은 알 수 없었으나, 듣건대 새로 탄생하신 왕자를 중전中殿 아래 두시는 일로서, 승정원承政院에서 그것을 고쳐 쓰게 하였다는 것입니다. 만약 그렇다면 명칭을 혼동해서는 안 될 것입니다. 몇 글자를 고쳐 쓴다는 것은 손바닥을 뒤집는 것처럼 쉬운 일인데, 환관宦官으로서야 무엇 때문에 따르지 않겠습니까. 뒷날 전교傳敎를 뵈옵건대, 성상께서 명령을 내리시어 고치지 말고 승정원으로 곧장 내려 보내도록 하셨습니다. 신은 어리석어 일의 내용은 알지 못하오나, 승정원은 이미 목구멍과 혓바닥 같은 역할을 하는 곳으로 이름난 곳이니, 크고 작은 일들이 그곳을 거치지 않는 게 없어야만 할 것입니다. 내전內殿과 외전外殿이 어찌 다른 두 가지겠습니까. 그와 같이 성상의 명령이 특별히 나온 것이라면 비록 미세한 일이라 할지라도 그것은 곧 전교傳敎이거늘 어찌하여 수본手本이라 부르겠습니까. 기왕에 내관의 수본이라면 그것이 승정원을 거치지 않고 들어간다는 것도 합당치 않은 일입니다. 공평한 마음으로 그 일을 살펴보신다면 곧 그러한 이치는 저절로 밝혀질 것입니다. 승정원에서야 성상의 뜻에서 특별히 나온 것임을 어찌 알고 내관을 탓하지 않을 수 있겠습니까. 전하께옵서 공평한 마음을 지니지 못하시고 목소리와 얼굴빛을 매우 엄격하게 하시는데, 이것은 목구멍과 혀 같은 역할을 하는 관원들을 멀리하고 환관들만 친근히 함으로써 조정의 신하들을 경멸하는 경향을 발전케 하는 일입니다. 성상의 교지敎旨에 말씀하시기를 "시국의 일들이 그릇된 게 많은 것은 임금이 엄하지 않기 때문이다."라고 하셨습니다. 아! 형벌을 받은 보잘 것 없는 환관들이 감히 목구멍과 혀 같은 역할을 담당한 신하들에게 항거하고, 멀리 해야 할 내시內侍들이 감히 분수에 어긋나는 은총을 바라며, 귀척貴戚들은 말을 타고 가다가 교서敎書를 만나도 피하지 않으니, 전하의 정치는 엄하지 않다고 말해도 좋을 것입니다. 전하께서도 역시 이 때문에 자책하셨던 것입니까. 한漢나라 문제文帝 때에 태자太子가 사마문司馬門[64] 앞을 지나면서 수레에서 내리지 않자, 공거령公車令[65]이 이를 탄핵하는 상소를 올렸고, 등통鄧通[66]이 총신寵臣이라 하여 예에 어긋난 짓을 하자, 승상

죠相은 소환장을 내어 잡아 목을 베려 하였습니다. 만약 상정 常情으로 말할 것 같으면, 태자를 공경하지 않는 것은 바로 임금을 가벼이 여기는 게 되지 않겠습니까. 총신의 목을 베려 한다는 것은 바로 위세와 권력을 남용하는 게 되지 않겠습니까. 그런데도 문제는 임금으로서 위엄을 잃지 않았고, 평화롭게 다스리는 효과도 오늘날에 견줄 수 있는 정도가 아니었습니다. 지금 전하께서는 가까운 신하들은 친근히 하지 아니하시고 바로 환관으로써 사사로운 신하를 삼고 계시며, 백성을 민중으로 보지 아니하시고 바로 내시들로써 사사로운 민중을 삼고 계십니다. 이러한 병폐를 없애버리지 않는다면 시국의 일은 바로 잡을 길이 없게 됩니다. 신은 전하께서 엄해질수록 시국의 일을 더욱 그르치게 될까 두렵습니다. 한漢나라 무제武帝는 관冠을 쓰지 않고 있다가 급암汲黯을 보고서는 장막 속으로 피하였고, 당唐나라 태종太宗은 매를 팔뚝 위에 올려놓고 있다가 위징魏徵⁶⁷⁾을 보고는 그것을 품속에 감추었습니다. 이 두 임금은 정치의 도道가 순수하지는 않았지만, 정령政令이 엄하고 밝았으며 잘한 이에게는 적절한 상을 주고 죄지은 자에게는 반드시 벌을 주어, 귀척貴戚이나 내시들도 감히 법을 범하지 못하였으니, 역시 오늘날에는 미칠 수 없는 임금들입니다. 그러나 임금으로서 신하를 두려워하여 엄하지 않은 듯이 보이는 것은 어째서이겠습니까. 이것은 신하를 두려워해서가 아니라 의로움을 두려워했기 때문입니다. 공연히 엄하기만 하고 의로움을 두려워하지 않고서는 실패하지 않은 사람이 없습니다. 전하께서는 그것에 대하여도 스스로 반성하고 의로움을 생각토록 하셔야만 될 것입니다. 요즈음 사헌부司憲府에서 다투고 있는 일에 대하여 신은 비록 그 전말을 알지 못하고 있으나, 사헌부에서 사실 확인을 자세히 하지 않은 것이 아닌가 하고 본시부터 의심해 왔습니다. 왜냐하면 전하께서 비록 사사로움이 없을 수 없다고는 하나 절대로 곡직曲直을 따지지 아니하고 필부匹夫와 한 노비를 놓고 다투지는 아니할 것입니다. 여러 신하들의 생각이 여기에 미치지 못하고 있으니 가히 지혜가 밝지 않다고 보아도 좋을 것입니다. 비록 그러하나 전하께서 이미 그가 마땅히 내사內司[68]에 속해야 함을 알고 계시면서도 같은 대우를 허락하시니, 성상의 도량이 넓으심을 족히 우러러보겠습니다. 그러나 여러 날 고집을 굽히지 않고 계시니, 곧 신하와 백성이 전하의 사사로운 아낌(私吝)이 아직 사라지지 않은 것이 아닌가 하고 의심하지 아니하겠습니까. 임금이란 엄하지 못함을 걱정하지 아니하고 공정하지 못함을 걱정해야 됩니다. 공정하면 밝아지고 밝아지면 엄함이 그 속에 있게 되는 것입니다. 바라옵건대, 전하께서는 법을 시행하심에 귀족과 근신近臣에서 시작하시고, 인仁을 밀고 나가 서민들에게까지 미치도록 하십시오, 궁중宮中과 부중府中이 일체가 되어, 환관들이 임금을 가까이 모심을 믿고 조정의 신하들을 가벼이 여기게 하지 말 것이며, 만백성을 한결같이 보시어 내시들이 임금을 사사로이 모심을 믿고 바라서는 안 될 일을 엿보게 하지 마십시오. 왕실의 재물은 책임자에게 맡기시어 사물私物처럼 여기시는 일이 없도록 하시고, 한 편에만 치우치는 생각을 마음속에서 끊어버리시어 공평한 도량으로 모든 것을 감싸고 널리 덮어 주도록 하셔야 합니다. 이렇게만 하신다면 나라의 창고가 모두 재물인데 어찌 쓸 것이 없음을 걱정하게 될 것이며, 온 나라 사람들이 모두 신하인데 어찌 노비가 없음을 걱정하게 되겠습니까.

이른바 '현명한 선비들을 친근히 함으로써 깨우쳐 주고 보필해 주는 이익이 되도록 한다.' 는 것은 이런 뜻입니다. 임금의 학문으로는 올바른 선비를 친근히 하는 것보다 더 좋은 것이 없습니다. 보는 것 모두 바른 일이요, 듣는 것 모두 바른 말이라면 임금이 비록 바르지 않으려 한다 하더라도 되겠습니까. 만약 올바른 사람을 친근히 하지 아니하고, 오직 환관이나 궁녀들이나 가까이 한다면 보는 것이 올바른 일이 아니고 듣는 것도 올바른 말이 아닐 것이니, 임금이 비록 바르게 되려한다 하더라도 되겠습니까. 선현의 말씀에 "천지가 한 세대의 사람들을 낳아 스스로 한 세의 일을 감당토록 한 것이지, 다른 세대에게서 재능을 빌리도록 한 것은 아니다."라고 하였습니다. 지금 현명한 사람이란 정말 그런 사람을 찾기는 매우 어려운 일입니다. 그러나 한 세대의 인물들을 철저히 선발하되, 출신 여부를 따지지 말고 조야의 인물을 구분하지 아니한다면, 어찌 한두 명의 왕위를 보필할 만한 인물이 없기야 하겠습니까. 바라옵건대, 전하께서는 널리 물으시고 정세精細히 고르시어 꼭 합당한 사람을 얻도록 하십시오. 과거에 급제한 사람이라면 옥당玉堂에 모아 다른 직위로 옮겨가지 않도록 하시고, 과거에 급제하지 못한 사람이라면 그에게 한직閒職을 내리시고 경연經筵에 끼도록 하십시오. 직위가 당상관堂上官에 오른 사람이라면 역시 그의 직책에 따라 반드시 경연관經筵官을 겸하도록 하십시오. 이러한 간택揀擇에 낀 사람들은 교대로 날을 바꾸어 입시入侍하여, 그들로 하여금 속에 품고 있는 것을 펴내도록 하십시오. 그리고 성상께서도 스스로 겸허한 마음과 온화한 얼굴로 그들의 충성스런 도움을 받아들이십시오. 강학講學을 하게 되면 반드시 의리를 추구해야 하고, 정사를 논하게 되면 반드시 진실한 효과를 추구해야 합니다. 비록 진강進講하는 날이 아니라 하더라도 꾸준히 편전便殿으로 그들을 불러들이되, 오직 사관史官만 함께 들어오도록 하시고, 의심나는 점을 질문하시어 깊은 관심을 널리 보여주십시오. 승지承旨 같은 사람은 전례前例에 따라 맡은 바

공사公事를 하루 한 번씩 각기 친히 아뢰고 성지聖旨를 받들도록 할 것이며, 대신이나 대간臺諫의 말 같은 것은 날짜와 때를 구애받지 아니하고 반드시 들어와 친히 아뢰게 함으로써 조종祖宗의 규범을 부활시켜야만 합니다. 이와 같이 하신다면 위아래의 관계가 날로 밀접해져서 감정과 뜻에 간격이 없게 될 것이며, 성리性理에 관한 이론이 날로 발전하여 성학聖學이 완성됨으로써, 사람들과 즐겁게 어울림이 물과 고기의 관계처럼 되고, 사악하고 더러운 것이 하늘의 해와 같은 성상의 덕을 범하지 못하게 될 것입니다.

이상 네 가지 것들이 자신을 닦는 요목이며, 그 대강이 이상과 같다는 것입니다. 그 상세한 사항은 전하께서 뜻을 더하시어 알고 행하시는 데 달려 있을 따름입니다.

다음으로 이른바 '정성된 마음을 개방함으로써 여러 신하들의 충정衷情을 얻는다.' 는 것은 이런 뜻입니다. 성스러운 제왕이나 명철한 임금은 사람들을 대하고 일을 처리할 때에 한결같이 지극한 정성으로써 합니다. 상대가 군자라는 것을 알면 곧 그를 임용함에 딴 마음을 먹지 아니하며, 상대가 소인이라는 것을 알면 곧 그를 내침에 의심하지 않습니다. 의심이 나면 임용하지 아니하고, 임용을 하면 의심하지 아니하며, 허심탄회虛心坦懷한 마음으로 신하를 거느려 넓고 평탄하기만 합니다. 신하된 사람들도 임금을 부모처럼 우러르고, 사철이 돌아가는 것처럼 믿으며, 그에게 벼슬을 주면 책임을 다하지 못할까 두려워 더욱 그의 충성을 다하고, 그를 물리치면 스스로 죄과가 있음을 알고 오직 자신만을 책합니다. 그러므로 그 분들은 인심을 얻어, 백성은 끓는 물이나 불 속에라도 들어가고 흰 칼날도 밟을 수 있게 되며, 유복자遺腹子를 왕위에 앉히고 선왕先王의 옷을 모시고 조회朝會를 한다 하더라도[69] 나라가 어지러워지지 않게 될 수 있고, 오직 임금이 계시다는 것만을 알고 그 자신이 있다는 것은 모르게 됩니다. 이것은 다름 아니라 지극한 정성에 감동받기 때문입니다. 후세의 임금들은 성의는 부족한 채 오직 지혜와 권력으로 신하들을 부려, 벼슬에 임용하는 사람은 반드시 현명한 사람이 아니라 자기에게 영합하는 자를 취하게 되고, 벼슬에서 쫓겨나는 사람은 반드시 현명하지 않기 때문이 아니라 자기와 성질이 다름을 싫어하기 때문입니다. 비록 자기에게 영합한다 하더라도 그의 속마음은 믿을 수 없기 때문에, 그를 임용하고도 의심이 없을 수 없고, 그를 의심하면서도 임용하지 않을 수 없게 되는 것입니다. 대신이 나라 일을 맡아 직책을 다하면 민중의 마음이 반드시 그에게로 무겁게 기울 것인데, 어찌 그가 권력을 홀로 잡고 정치를 멋대로 하는 게 아닌가 하고 의심하지 않을 수 있겠습니까. 간관諫官이 어전에서 조정의 일에 이의를 제기하면 조야朝野가 반드시 주목하게 될 것인데, 어찌

그가 곧다는 핑계로 명성을 얻으려 하는 게 아닌가 하고 의심
하지 않을 수 있겠습니까. 군자나 소인이나 같은 무리끼리 어
울리는 법이니, 그 누가 붕당朋黨을 이루는가를 어떻게 알 수
있겠습니까. 훌륭한 계책과 사악한 이론이 뒤섞여 함께 아뢰
어질 것이니, 그 누가 나라를 그르치고 있는가를 어떻게 알
수 있겠습니까. 이렇게 되면 사악하고 올바른 것을 분별하기
어렵고, 옳고 그른 것을 판단하기 어렵게 되며, 전례대로 행
하려니 더욱 무너지고 타락하는 것이 답답하고, 개혁을 하려
니 소란이나 일으키게 되는 게 아닐까 꺼리게 됩니다. 임금의
마음이 뒤흔들려 멍청히 속을 썩이고 있을 때에는, 반드시 크
게 간사한 자가 나타나 틈을 엿보면서 임금의 마음에 따라 행
동하다가 점차 그의 기교를 써서 물이 스며들듯 끼어들어 오
고 영합함으로써 기쁘게 해 주며 위험한 말로 움직여 미혹케
함으로써, 임금의 마음은 점점 그를 믿게 되며 그의 술책 속
으로 빠져들게 되는 것입니다. 그러면 훌륭하고 착한 사람들
은 반드시 죽음을 당하게 되고, 나라는 반드시 망하게 됩니
다. 그 까닭도 다름이 아니라 바로 정성을 다하지 않은 소치
입니다. 지금 전하께서 선善을 좋아하고 선비들을 사랑하심
은 본래 정성에서 나온 것이나, 다만 여러 신하들의 재능과
덕이 부족하여 믿고 의지할 만한 이가 적기 때문에 일을 맡기
실 뜻이 없는 듯하며, 심지어 말씀을 하실 때에도 믿지 못하

는 마음과 경멸하는 표현이 드러남을 면치 못하고 있는데, 여러 신하들로서는 본래 스스로 그렇게 대접받도록 한 것이나 성상께서도 스스로 반성하지 않으면 안 될 것입니다. 바라옵건대, 전하께서는 지극한 정성으로 아래 사람들을 대하도록 힘쓰십시오. 마음으로 옳다고 생각되면 말도 이에 따라 옳다고 해야 되고, 마음으로 그르다 생각되면 말로도 그르다고 내치서야 합니다. 그를 임용하게 되면 반드시 그의 현명함에 대하여 상을 주어야 하고, 그를 물러나게 하면 반드시 그의 죄과를 책하여야만 합니다. 성상의 마음을 문처럼 활짝 열어 놓으시어, 여러 신하들로 하여금 누구나 우러러볼 수 있어 아무런 조그만 간격도 없어야만 합니다. 이렇게 하신다면 여러 신하들도 의심하고 두려워하는 생각이 없어져 그의 충정을 다하도록 힘쓰게 되어, 군자는 충성을 다하려는 소원을 지니게 될 것이며, 소인들도 간사한 책략을 펴려는 생각을 끊어버리게 될 것입니다.

이른바 '공안貢案을 개혁함으로써 포악하게 거두어들이는 폐해를 없앤다.'는 것은 이런 뜻입니다. 조종祖宗들의 조정에서는 쓰는 것을 매우 절약하고 백성에게 거두는 것도 매우 적었는데, 연산군 중년에 쓰는 것이 사치스럽게 늘어나서 일상적인 공물貢物로는 그 수요를 충당하기에 부족하게 되었습니다. 이에 공물을 더 늘리도록 정함으로써 그 욕망을 충족시킨 것입니다. 신은 지난날 노인들께 그러한 사실을 들었으나 감히 그대로 믿지 못하고 있었는데, 전에 승정원에 있을 때 호조戶曹의 공안을 가져다 보니, 여러 가지 공물이 모두 홍치弘治 신유년(연산군 7년, 1501)에 늘려 정한 것인데 지금까지 그대로 쓰이고 있으며, 그 때를 상고해 보니 바로 연산군 때였습니다. 신은 자신도 모르는 사이에 공문서를 덮고 긴 한숨을 쉬며 "이럴 수 있나! 홍치 신유년이면 지금부터 74년 전이니, 성군聖君이 왕위에 있지 않았던 것도 아닐 테고, 현명한 선비가 조정에 전혀 없었던 것도 아닐 터인데, 이런 법이 무엇 때문에 개혁되지 않은 채 있는가." 하고 뇌까렸습니다. 그 까닭을 추구해보니, 70년 동안은 언제나 권세 있는 간신들이 나라 일을 맡아와, 두서너 명의 군자들이 간혹 조정에 있었다 하더라도 그들의 뜻을 펴보기도 전에 사화士禍가 꼭 뒤따랐으니, 이에 대하여 의논할 겨를이 어디에 있었겠습니까. 그 일은 오늘날 기대하는 수밖에 없는 일이었습니다. 또한 물품의 생산은 때에 따라 변하고 백성의 재물과 토지에 대한 세금도 때에 따라 늘었다 줄었다 하는 것인데, 공물을 나누어 정해 놓은 것이 바로 국초國初의 일이었고, 연산군 때에는 다만 거기에 더 늘려 정해 놓았을 뿐이니, 역시 적당한 분량을 계산하여 변통해 놓은 것이 아니었습니다. 지금에 와서는 여러 고을에서 바치는 공물이 그곳 생산물이 아닌 것이 대부분이

어서, 나무에 올라가 물고기를 잡으러 가거나 배를 타고 뭍가 짐승을 잡으려고 하는 일과 같게 되었으니, 다른 고을에서 사들이거나 또는 서울에 와 사다가 바치지 않을 수 없게 되었습니다. 백성의 비용은 백배로 늘었으되 공용公用에는 여유가 없게 되었고, 그 위에 백성의 호수戶數는 점점 줄어들고 들판은 갈수록 황폐해져서, 지난해에 백 명이 바치던 분량을 작년에는 열 명에게 책임지어 바치도록 하고, 작년에 열 명이 바치던 분량을 금년에는 한 사람에게 책임지어 바치도록 해야 하게 되었습니다. 그대로 나가면 반드시 한 사람마저도 없어지게 된 연후라야 끝장이 날 형편입니다. 오늘날 공안을 개정하자는 얘기가 나오기만 하면 사람들은 반드시 조종의 법은 가벼이 고쳐서는 안 되는 것이라 핑계를 댑니다. 비록 조종의 법이라 하더라도 백성의 곤궁함이 이런 지경에 이르도록 만들었다면 바꾸지 않아서는 안 되는 것입니다. 하물며 연산군 때의 법이라면 더욱 그러합니다. 바라옵건대, 전하께서는 반드시 지혜가 있어서 일을 잘 이해할 수 있고, 마음속으로 셈을 잘하여 계산을 잘 할 수 있고, 재능이 있어서 그 일을 잘 처리할 수 있는 사람을 택하시어, 그 일을 전문적으로 관장하게 하되, 대신으로 하여금 그를 통솔하게 함으로써, 연산군 때에 더 늘려 정한 분량을 모두 없도록 하여 조종의 옛 법을 회복하도록 하십시오. 이를 근거로 여러 고을에 그러한 물건의 생산이 있는지 없는지, 토지에 대한 세금이 많은지 적은지, 백성의 가호수가 줄었는지 늘었는지를 조사하여, 그에 따라 조절하여 한결같이 균평均平되게 하십시오. 그리고 반드시 본색本色을 각사各司에 바치도록 하면, 방납防納은 금하지 않아도 자연히 없어지게 되고, 백성의 삶은 극심한 고통에서 풀려나게 될 것입니다. 오늘날 다급한 일로서 이보다 더 큰일은 없습니다.

이른바 '절약과 검소함을 숭상함으로써 사치스런 풍조를 개혁한다.'는 것은 이런 뜻입니다. 백성이 곤궁해지고 재물이 다하기는 오늘날에 와서 극도에 달하고 있습니다. 공물은 감하여 주지 않을 수 없는데, 만약 소비도 조종들을 본받지 않는다면 수입에 맞추어 지출을 할 수 없게 될 것이니, 모난 그릇에 둥근 뚜껑을 얹는 것처럼 이치가 들어맞지 않습니다. 그 위에 풍속의 사치하고 문란함이 오늘날보다 더할 수 없습니다. 음식은 배를 채우기 위한 것이 아니라 상 위에 가득 채워 놓고 뽐내기 위한 것이고, 옷은 몸을 가리기 위한 것이 아니라 화려함과 아름다움을 경쟁하기 위한 것이어서, 한 상을 차리기 위한 비용은 굶주리는 사람들에게는 몇 달의 양식이 될 수 있는 정도이고, 한 벌의 비용은 헐벗는 사람들로서는 열 명의 옷을 장만할 수 있는 정도입니다. 열 사람이 농사를 짓는다 해도 한 사람을 먹여 살리기 어려운데, 농사짓는 사람은 적고 먹는 사람은 많습니다. 열 사람이 천을 짠다 하더라도 한 사람의 옷을 마련하기 어려운데, 길쌈하는 사람은 적고 옷을 입어야 할 사람은 많습니다. 이 어찌 백성이 굶주리고 헐벗지 않을 수 있겠습니까. 옛 사람이 말하기를 "사치의 폐해는 천재天災보다도 더하다."고 하였는데, 어찌 믿지 않을 수 있겠습니까. 만약 상上이 먼저 절약과 검소함에 힘써 이 병환을 고치지 않는다면, 형벌과 법령이 비록 엄하고 명령과 지시를 비록 부지런히 내린다 하더라도 공연히 수고만 할 뿐 아무런 이익도 없을 것입니다. 신은 일찍이 한 노인의 말을 기억하고 있습니다. "성종께서 병환으로 누워계실 때 대신이 문안드리려 들어가 보니, 침실에서 덮고 계신 것이 다갈색茶褐色 굵은 명주 이불이었는데, 다 헤어져가고 있는데도 바꾸지 아니하더라."고 하는 것입니다. 얘기를 듣는 자는 지금까지도 흠모하여 마지않는 바입니다. 바라옵건대, 전하께서는 조종조祖宗朝의 공봉규례供奉規例를 연구토록 명하시어, 궁중의 용도用度를 일체 조종의 옛날 검약儉約하던 제도에 따르도록 하십시오. 그리고 안팎으로 모범을 보여 민간의 사치스런 습성을 고쳐서, 사람들로 하여금 성대한 음식을 차려 놓는 것을 부끄러이 여기고 화려한 옷 입는 것을 부끄러이 여기도록 만듦으로써, 하늘이 내려준 재물을 아껴 백성의 힘을 펴도록 해 주십시오.

이른바 '선상選上의 제도를 바꿔 공천公賤의 고통을 덜어준다.'는 것은 이런 뜻입니다. 선상 제도의 원래 뜻은 베포(綿布)를 마련해 내고자 하는 게 아니었습니다. 서울에 있는 관청의 종들만 가지고는 역사役事를 감당하기에 부족하기 때문에, 외지의 공천들로써 번갈아 가며 서울의 역사를 감당토록 하고 그 제도를 '선상'이라 부르게 된 것입니다. 가난하고 천한 공천들이 양식을 싸가지고 와서 머물러 있는 동안 당하는 고통이 막심하여 감당하기 어려우므로, 비로소 베를 가지고 부역을 대신할 수 있도록 한 것입니다. 지금에 와서는 오직 베만을 거두어들일 따름이지 한 사람도 부역을 치르는 사람이 없게 되었습니다. 백성의 삶은 날로 곤궁해지고 호구戶口는 날로 줄어들고 있는데, 공천도 역시 백성이거늘 어찌 그들만이 온전할 수 있겠습니까. 이리저리 흘러 다니며 생활도 제대로 하지 못하다가 한번 선상의 부역 대가代價를 치르고 나면 집안이 망하게 되지 않는 자들이 거의 없습니다. 2년은 공물 바치는 일에 동원되고, 1년은 선상에 걸리는 실정이니, 대체로 3년이면 반드시 한 번은 집안을 망치게 되니, 공천들의 고통은 극도에 달해 있습니다. 그 위에 관계 부처의 색리色吏들이 나누어 배정하는 게 고르지 못합니다. 비록 노비의 수가 많은 고을이라 하더라도 뇌물이 있으면 적게 배정하고, 겨우 몇 가구가 있는 고을이라 하더라도 뇌물이 없으면 많이 배정하여, 지탱할 능력이 없으면 그 침해侵害가 일족一族에 미치게 되고, 일반 백성까지도 그 괴로움을 당하게 됩니다. 이미 곤경에 빠진 뒤에는 비록 공정하게 균등히 배정한다 하더라도 역시 구제할 수 없을 것이니, 만약 변통變通하지 않는다면 후환이 끝이 없을 것입니다. 신의 어리석은 생각으로는 몸으로 하던 부역을 고쳐 베를 대신 받는다는 것은 이미 『대전大典』의 법이 아니니, 지금이라도 선상 제도를 폐지하고 신공身貢[70]을 받도록 하는 것이 좋겠습니다. 바라옵건대, 전하께서는 해당 관청에 명하시어 노비 장부를 자세히 조사토록 하시고, 현존하는 숫자에 의거하여 해마다 노복奴僕은 베 두 필疋을 공납貢納케 하고, 여비女婢는 한 필 반을 공납토록 하십시오. 합계가 얼마이든 그 중 5분의 2는 사섬시司贍寺[71]에 비축하여 나라의 비용으로 쓰게 하고, 그 중 5분의 3은 각 사司에 나누어 주어 선상으로 충당하던 역사役事에 이용케 하십시오. 면포가 부족할 경우에는 요량하여 진행하는 역사의 수를 적절히 감하도록 하십시오. 이렇게 하신다면 공천公賤에게는 일정한 공물이 정해 있어 미리 준비를 할 수 있으니 갑자기 마련하는 데서 오는 병폐가 없게 될 것입니다. 공물을 거둬들이는 데에도 일정한 장부가 있어 빼고 고치는 것이 없게 될 것이니, 간사한 관리의 술책이 없어질 것이며, 명령이 번거롭지 않게 되어 백성이 실질적인 혜택을 받게 될 것입니다.

　이른바 '군정軍政을 개혁함으로써 안팎의 방비를 굳건히 한다.'는 것은 이런 뜻입니다. 하늘의 재변災變은 헤아리기 어려운 것이어서, 본시 무슨 일에 따라서 일어난 것인지 지적할 수 없는 것이지만, 옛날 역사를 가지고 증험證驗하건대, 흰 무지개가 해를 관통하는 것은 대부분이 전란의 상징이었습니다. 지금 볼 것 같으면 군정은 무너지고 국경 사방이 무방비 상태입니다. 만약 급박한 일이라도 생긴다면 비록 장량張良·진평陳平[72] 같은 이가 지혜를 내고 오기吳起[73]·한신韓信[74] 같은 이가 통솔한다 하더라도, 거느릴 병졸이 없는데 어떻게 홀로 싸울 수 있겠습니까. 생각이 여기에 이르니 마음이 떨리고 간담肝膽이 서늘해집니다. 시국의 폐단은 앞에 이미 아뢰었으나, 군정에 대하여는 상세히 말씀드리지 못하였습니다. 지금 먼저 그 폐단을 아뢰고 뒤에 그 대책을 마련하려고 하는데 괜찮겠습니까. 우리나라 법제에는 결함이 있는 곳이 많습니다. 다만 병사兵使·수사水使·첨사僉使·만호萬戶·권관權管 등의 벼슬만 마련해 놓고, 먹고살 봉급을 갖추지 않아서 사졸士卒들에 의존하여 해결하고 있습니다. 변경邊境의 장수들이 침해하는 폐단도 여기에서 시작되었습니다. 법제가 해이해짐에 따라 탐욕과 포악한 짓은 더욱 심해졌고, 그 위에 인재의 등용이 공정치 않아 채수債帥[75]가 연달아 생겨 공공연히 "아무 진鎭의 장수는 그 값이 얼마이고, 아무 보堡[76]의 벼슬은 그 값이 얼마다."라고 말하게 되었습니다. 그런 무리들은 오직 군졸들을 착취하여 그 자신만을 위하는 것만 알 따름이지, 다른 일은 또 무엇을 걱정하겠습니까. 사졸들이 지역 방비 임무를 괴롭게 여겨, 베를 바치고 군역을 면제받고자 하는 자가 생기자 반드시 기뻐하며 허락하게 되었으며, 남아서 지역 방비를 하는 자들에게는 반드시 감당하기 어려운 일들을 강요하고 하기 어려운 부담을 책임지게 해, 기름불 속에서 들볶듯 합니다. 사람이 목석木石이 아니거늘 그 누가 자신을 사랑하지 않겠습니까. 수자리를 면제받은 사람들이 그의 집에 편히 누워 있는 것을 보고는 모두 그것을 부러워하며 역시 그런 짓을 본받으려 하게 됩니다. 만약 수자리 사는 군역을 많은 사람들이 면제받아 진鎭이나 보堡가 빌 지경이 되면, 반드시 근처에 사는 백성을 꾀어내어 검열檢閱이 있을 때 가짜 이름으로 대신 점호點呼를 받게 합니다. 돌며 검열하는 관리는 오직 그 숫자만을 검열할 뿐, 그 누가 진짜 가짜까지 따지겠습니까. 수자리를 면제받는 것이 비록 편리하다고는 하지만 베를 마련하기는 어려운 것이기 때문에, 몇 번 수자리에 걸리기만 하면 집안 살림이 바닥나게 되어 지탱할 수 없어 도망치는 자들이 연이어 생겨나고 있습니다. 그 다음 해에 장부대로 수자리 명령을 내리면 본

고을에서는 반드시 일족一族에서 수자리 군역에 응하도록
하고, 그 일족이 또 도망을 치면 침해가 그 일족의 일족으로
미치게 됩니다. 환란이 만연하여 끝이 없을 지경이니 장차
백성은 한 사람도 남는 자가 없게 될 정도입니다. 그러나 저
이른바 채수債帥들은 그대로 의기만만하여 짐을 바리로 싣
고 집으로 돌아와 그의 처첩妻妾들에게 뽐내게 되니, 가난했
던 자도 이 때문에 부자가 되고, 권세 있는 사람에게 뇌물을
써서 진급을 꾀하니, 천했던 자가 이 때문에 귀한 신분이 되
는 것입니다. 오늘날 이 일을 논하는 자들은 이런 폐단을 개
혁할 생각은 하지 않고 부질없이 군졸의 수를 채우지 못하고
있는 것만을 걱정하고 있습니다. 신의 어리석은 생각으로는
설사 군졸의 수를 다 채운다 하더라도 이런 폐단을 개혁하지
않는다면, 다만 변경의 장수들이 얻는 베의 양을 보태주게
될 따름이요, 나라를 방비하는 데 무슨 도움이 되겠습니까.
이것이 첫째 폐단입니다.

수륙水陸의 군대들은 반드시 자기가 사는 지방에 머물러
방비하기만 하지 아니하고, 혹은 여러 날이 걸리는 거리로 가
기도 하고 혹은 천 리 밖으로 가기도 하여, 그 고장 풍토에 익
숙하지 않아 병이 생기는 사람이 많아집니다. 이미 장수의 학
대에 떨고 있는 데다가 또 그 지방 병사들의 횡포에 곤욕을
치르며, 객지에서 헐벗고 고통을 당하여 제때에 배도 못 채우

고 굶주리는데, 남쪽 군인으로서 북쪽 국경에서 수자리하는 자들이 특히 혹심합니다. 여위고 병들어 몸도 가누지 못하고, 얼굴은 사람 같은 빛도 없습니다. 이들이 만약 적의 기병騎兵을 만나게 되면 비록 도망치려 한다 해도 도망칠 수 없어 앉아서 어육을 당하게 될 것입니다. 하물며 활을 쏘며 적을 막아내기를 바랄 수 있겠습니까. 신이 듣건대, 황해도 기병騎兵으로서 평안도에 가서 수자리 살게 되는 사람은, 그들을 한 명 보내는 비용이 반드시 베 30, 40필에 내리지 않는다고 합니다. 30, 40필이면 바로 촌백성이면 여러 집에서야 생산할 수 있는 양이니, 한 명이 가면 반드시 여러 집의 생산을 소비하게 되는데 어찌 궁해져서 도망치지 않게 될 수 있겠습니까. 이것이 둘째 폐단입니다.

6년마다 병적兵籍을 만들던 법은 폐지되어 행해지지 않다가 계축년(癸丑年, 명종 8년, 1553)에야 오랫동안 폐지하였던 나머지들을 긁어모으도록 하였습니다. 명을 받든 신하들은 신속히 처리하는 것을 능사로 삼고, 주현州縣에서도 그런 기풍을 받들어 오직 미치지 못할 새라 서둘러 오직 긁어모으는데 혹시라도 빠뜨릴까 염려할 뿐, 구차히 수를 채움으로써 환란을 남기게 되는 것은 생각하지 않습니다. 거지들까지도 모두 넣어 숫자를 채웠고, 닭이나 개의 이름까지도 수록收錄하게 되니, 한두 해가 못되어 태반이 빈 장부가 되었습니다. 지

금까지 20여 년 만에 또 다시 군적의 큰일을 거행하나 군졸
수의 부족은 계축년보다 심하고 남아 있는 장정들의 수가 적
은 것도 계축년보다 심하니, 아무리 교묘하게 긁어모은다 하
더라도 어찌 떡가루도 없이 떡국을 만들 수가 있겠습니까. 지
금 와서 긁어내는 사람들은 아이들이 아니면 거지일 것이고,
거지도 아니라면 사족士族일 것입니다. 실제로 남아 있는 장
정이야 몇이나 있겠습니까. 지금 비록 병적兵籍을 만든다 하
더라도 며칠 못 가 또 빈 장부가 되고 말 것입니다. 해당 관서
에서도 이런 것을 듣고 보지 못하지는 않았을 터인데 방금 애
를 써서 반드시 수를 채우겠다고 떠들고 있으니, 이치나 형세
를 헤아리지 못하는 것도 지나치다 할 정도입니다. 이것이 셋
째 폐단입니다.

안팎의 양역良役[77]은 그 명목이 너무 많아 이루 다 헤아릴
수 없을 정도인데, 그 중에서도 이른바 조예皂隸[78]·나장羅將[79]
같은 여러 인원들은 가장 고역苦役입니다. 이것도 역시 베로
써 대역代役하는 값을 치르는 수밖에 없는데, 그가 소속된 관
청에서는 이미 다른 사람으로 대역을 시켜놓고 불시에 저리
邸吏[80]를 독촉하여 대역의 대가를 받아들이도록 하면, 저리들
은 이자를 따져 받아들이는 것 위에 거기에 드는 비용까지 계
산하여 당자에게 그 3배를 받아냅니다. 그러므로 한 사람이
언제나 세 사람의 부역을 감당하게 되며, 이를 내지 못하는

일이 있으면 예에 따라 일족一族에게서 그것을 받아들입니다. 이것이 넷째 폐단입니다.

이상 네 가지 폐단을 지금 바로잡지 못한다면 몇 년 뒤에는 비록 유능한 사람이 있다 하더라도 어찌 하는 수 없게 될 것입니다. 바라옵건대, 전하께서는 옛 제도를 개혁하여 새로운 법규를 만드십시오. 모든 병영兵營·수영水營과 진鎭·보堡가 있는 곳은 반드시 그 고을 장부의 곡식 밖의 것을 보태 적절히 더 많이 공급하고, 변장邊將의 양식은 그 고을의 곡식으로 부족하다면 이웃 고을의 곡식도 거둬들여, 반드시 변장으로 하여금 자신의 생활을 지탱하고 필요한 것이 부족함이 없도록 해주십시오. 그리고 법제를 엄하고 분명히 하여 한 자의 베나 한 말의 쌀이라도 군졸들이 거두어들일 수 없도록 하십시오. 오직 무기를 잘 갈고 닦고 말 타기, 활쏘기 등을 가르치고 익히도록 할 것이며, 병사兵使·수사水使나 순찰巡察하는 관원들은 다만 호명하여 부재자가 있나 없나를 검열하는 것에 그치지 말고, 반드시 그들의 무기를 검열하고 말 타기 활쏘기 등을 시험해 보아 훈련이 잘 되어 있는지 못 되어 있는지 우열優劣을 가리도록 하십시오. 만약 전처럼 재물을 거두어들이고 군졸을 놓아 보내다가 발각이 나면 장률贓律[81]로 다스리게 하십시오. 첨사僉使·만호萬戶·권관權管 등의 관원은 남북 지방이나 먼 곳 가까운 곳을 막론하고 모두 군직軍職에 소속토록 하고, 처자들로 하여금 그들의 녹祿을 받아 살아갈 수 있도록 하십시오. 처음 벼슬을 내릴 때에는 반드시 합당한 사람을 뽑도록 하시고, 벼슬을 내린 뒤에는 다섯 번 고사考査하여 다섯 번 다 상上이 되면, 곧 권관에서 만호로 올려주고 만호에서 첨사로 올려주고 첨사에서 동반東班 육품六品의 직책을 내려 주도록 하십시오. 다섯 번 고사하는 중에 만약 중간성적을 얻은 사람이라면 다른 진鎭의 같은 급의 직위로 옮겨 주고 승진할 수 없도록 하여, 그로 하여금 앞날을 스스로 아껴 부지런히 힘쓰도록 해주십시오. 주둔한 방위군에서는 반드시 그 고을의 병졸들을 잘 거느리되, 그 고을의 병졸이 부족한 다음에라야 옆 고을에서 일정한 수를 데려오도록 하십시오. 주둔하여 방비하는 지방이라면 곧 여러 가지 양역良役을 모두 폐지하고, 오직 지방을 방비하는 군역軍役만을 놓아두어 먼 곳으로 옮겨가야 하는 수고로움이 없도록 하고, 차례를 정하여 번갈아 가며 쉴 수 있도록 하십시오. 그러면 진鎭에 있을 때라 하더라도 털끝만큼이라도 노력을 허비하거나 재물을 손해 보는 일이 없을 것이며, 그들이 진장鎭將의 사역使役 명령에 응할 때에도 다만 장작을 나르거나 물을 길어오는 일이 있을 따름이요, 그밖에는 하는 일이 없게 하여 활을 다루고 활쏘기를 익히는 일에 전념할 수 있게 하십시오. 황해도의 기병騎兵을 북방에 수자리 사는 군역에 종사케 하는 일 같은 것은 곧 그만두도록 명을 내려 하지 않도록 하십시오. 만약 국경의 경비가 허술함이 걱정된다면 곧 변경의 수령들에게 명을 내리시어 백성에게 활쏘기를 익히게 하도록 하시되, 석 달에 한 번씩 시험을 보아 맞히는 화살의 수가 많은 자에게는 두툼한 상을 내려주도록 하십시오. 두 번 일등을 차지한 사람에게는 그 가족들의 부역을 면제시켜 주고, 만약 다섯 번 일등을 차지한 사람이 있다면 군졸이라면 군관軍官으로 특진시키고, 그들 중 학식이 있어 여러 사람들을 거느릴 만한 사람이 있다면 해당 관청에 그 이름을 보고하여 권관權管에 임명토록 하여, 그가 쓸 만한가 어떤가를 시험하도록 하십시오. 만약 그가 공천公賤이거나 사천私賤이라면 그 이름을 보고하여 천한 신분을 면하도록 특별히 허락을 내리되, 사천인 경우에는 본 주인에게 그 값을 넉넉히 주도록 하십시오. 이렇게 하신다면 다섯 번이나 일등을 하는 자는 매우 드물게 나올 것이며, 변경의 백성은 모두 정병精兵으로 화할 것입니다. 만약 변경에 적의 침입이 있다면 사람들은 제각기 스스로 방위하려 들 것이니 그 누가 힘써 싸우지 않겠습니까. 서울을 지키는 군사들도 해당 부서에서 역시 때때로 그들의 무술을 시험케 하여, 그 중 가장 우수한 사람은 상주上奏하여 상을 내리도록 하고, 다섯 번 일등한 사람이 있다면 그가 사는 곳 근처 진鎭·보堡의 군관으로 특별히 전보轉補케 하여, 군무軍務를 갈고 닦을 뜻을 지니도록 해주어야 합니다.

병적兵籍을 만들 때에는 실질적인 군적軍籍이 되도록 힘써야지 억지로 채우려 해서는 안 됩니다. 한가한 장정이라 하더라도 15세가 못된 사람들은 별부別簿에 그들의 이름과 나이만을 기록해 두었다가, 그들의 나이가 찰 때를 기다려 병적에 넣도록 해야 합니다. 날품팔이나 거지들은 모두 떼어버려야 합니다. 여러 고을의 병적부는 잠시 옛 기록 그대로 두고 다만 몇 명이 모자란다는 것만 기록해 두고, 수령들에게 명을 내려 편히 휴양시키며 위무하는 일을 게을리 하지 않게 하였다가, 장정이 생기는 대로 병적에 보충하되 일정한 기한을 정하지 말고 모조리 채우도록 하십시오. 그리고 6년에 한 번씩 반드시 병적을 다시 정리하는데, 갑자기 소요가 일어나는 병폐가 없도록 하십시오. 만약 군졸이 부족하여 여러 곳의 군역에 대응할 수 없는 걱정이 생기면, 곧 서울을 지키는 군사들의 수를 적절히 줄이십시오. 그래도 부족할 때에는 방비를 허술히 해도 괜찮은 곳의 군사 수를 적절히 줄이십시오. 그래도 부족할 때에는 남쪽 지방의 겨울철에 머물러 방비하는 군사들의 수를 적절히 줄이십시오. 그래도 부족할 때에는 보병步兵으로 병역 대신 베를 바치는 자들의 수를 반으로 줄어 지역 방위에 부족한 인원을 보충하십시오. 변경에 머물러 방비를 한다 해도 외적 침략의 해만 없다면 보병이라 하더라도 이리나 호랑이를 피하듯 싫어하지는 않게 될 것입니다. 이른바 조례皂隸나 나장羅將 같은 인원들은 각기 일정한 소속이 있을 필요가 없으니, 그러한 명목을 모두 폐지하여 보병으로 다 편입시키십시오. 병역 대신 바치는 베는 병조에 바치도록 하고, 병조에서는 여러 관청에서 행하는 역사役事의 수를 헤아려 그 베를 나누어 주도록 한다면, 저리邸吏들은 불시에 독촉 받는 것을 면하게 되고, 민간에서는 3배나 되는 가혹한 양의 베를 내게 되는 일이 없어질 것입니다. 군정에 관한 좋은 계책이란 이것이 그 대략입니다. 이상 다섯 가지는 백성을 편안히 할 수 있는 요목要目으로 그 대강이 이러합니다. 그 중 자세한 일은 전하께서 널리 의논하시어 계책을 세우시기에 달려 있을 따름입니다.

살펴보건대, 지금의 시사時事는 날로 그릇되어 가고 있고, 백성의 기력은 날로 소진消盡되어 가고 있으며, 그것은 권세 있는 간신들이 세도를 부렸을 때보다도 더 심한 듯하니, 그 까닭이 무엇이겠습니까. 권세 있는 간신들이 날뛰던 시절에는 조종祖宗들이 남겨주신 은택이 어느 정도 다하지 않고 남아 있어서, 조정의 정치는 혼란했다 하더라도 백성의 힘은 어느 정도 지탱할 수 있었습니다. 오늘날에는 조종들이 남기신 은택은 이미 다하고, 권세 있는 간신들이 남겨놓은 해독이 작용을 일으키고 있어, 훌륭한 논의가 비록 행해진다 하더라도 백성의 힘은 바닥이 나버렸습니다. 비유를 들면 마치 어떤 사람이 한창 젊었을 때에 술에 빠지고 여색을 즐겨 그 해독이 많겠으나, 혈기가 강성해서 몸에 손상이 가는 줄 알지 못하고 있다가, 만년에 이르러서야 그 해독이 노쇠함을 따라 갑자기 나타나, 비록 근신하며 몸을 보양한다 해도 원기元氣가 이미 쇠퇴하여 몸을 지탱할 수 없게 되는 것과 같습니다. 오늘날의 시사時事는 실로 이와 같으니, 10년이 못 가 화란이 반드시 일어나고 말 것입니다. 보통 사람들도 열 간間의 집과 백 묘 (百畝)의 전답을 자손에게 물려주면 자손은 또 그것을 잘 지켜 선조들에게 욕되지 않게 할 것을 생각합니다. 하물며 지금 전하께서는 조종 백 년의 사직社稷과 천 리의 봉강封疆을 물려받으셨는데, 화란이 닥쳐오려 하고 있음을 어찌하시겠습니까. 마음으로 정성을 다하여 해결책을 구한다면 꼭 들어맞지는 않는다 해도 아주 엉뚱한 결과가 생기지는 않을 것이며, 능력이 부족하다 하더라도 스스로 구제책을 마련할 수 있을 것입니다. 하물며 지금 전하께서는 권세를 거두어 잡으시고 사리事理에 밝으시며, 시국을 구원할 능력이 있으십니다.

소신小臣은 나라의 두터운 은총을 받아 백 번 죽는다 해도 보답하기 어려운 정도이니, 진실로 나라에 이익이 된다면 끓는 가마솥에 던져지고 도끼로 목을 잘리는 형벌을 받게 된다

하더라도 피하지 않겠습니다. 더욱이 지금 전하께서는 언로言路를 넓게 열어놓고 의견을 거리낌 없이 받아들이시기에 그 수교手敎를 내리심이 간절하십니다. 신이 만약 발언을 하지 않는다면 실로 전하를 배반하는 셈이 되겠기에, 충정衷情에 격동되는 바를 극진히 말씀드렸습니다. 그러나 앓고 난 끝이라서 정신은 흐릿하고 손은 떨려 글이 속되고 한 말이 중복되었으며, 자획도 겨우 이루어 놓은 터라 볼 만한 것이 못되었습니다. 그러나 글 뜻은 먼 듯하면서도 실은 가까운 것이고, 그 계책은 어리석은 듯하면서도 실은 절실한 것이니, 비록 삼대의 제도는 아니라 하더라도 진실로 왕정王政의 근본이어서, 그대로 시행하면 효과가 드러날 것이며 왕정을 회복할 수 있을 것입니다. 바라옵건대 전하께서 자세히 보시고 익히 검토하시며, 찬찬히 궁구하고 깊이 생각하시어, 성상의 마음속에 취하고 버릴 것을 결정하신 다음, 널리 조정의 신하들에게 물으시어 가부를 의논한 뒤에 이를 받아들이거나 물리치신다면 매우 다행스럽겠습니다. 전하께서 신의 계책을 채택하신다면 그것을 능력 있는 사람에게 맡기시고, 정성으로 그것을 시행하며 확신으로 그것을 지키시되, 습속을 따르고 전례나 지키려는 의견들 때문에 바뀌지 말고, 올바른 것을 그르다 하며 남을 모함하는 말에 흔들리는 일이 없어야 하겠습니다. 이렇게 하시어 3년이 지나도 나라가 진흥하지 않고 백성이 편안해지지 않으며 군대가 정예로워지지 않을 때에는, 신을 기망한 죄로 다스리시어 요상한 말을 하는 자들의 훈계가 되도록 하여 주십시오. 신은 격절激切한 마음을 이기지 못하여 황송하기 그지없습니다.

육조계六條啓[82]

우리나라는 태평한 지 이미 오래되어 매사에 태만함이 날로 심하여지고 서울과 지방이 공허하고, 군사와 식량이 모두 궁핍하여 조그만 오랑캐가 변경을 침범하여도[83] 온 나라가 경동驚動하오니, 만일 큰 오랑캐가 침입해 온다면 비록 지혜 있는 사람일지라도 이를 막을 계책이 없을 것이옵니다.

옛말에, "적이 나를 이기지 못하도록 먼저 준비하여 내가 적을 이길 수 있는 기회를 기다리라." 하였사온데, 오늘날 나라의 정사는 하나도 믿을 만한 것이 없사오니, 적이 닥쳐오면 반드시 패하고 말 것이옵니다. 생각이 이에 미치고 보니 한심하여 가슴이 터질 듯하옵니다. 하물며 지금 경원慶源의 오랑캐는 한두 해에 평정될 것이 아닙니다. 만일 군사의 위력을 한 번 떨쳐 그들의 소굴을 소탕하지 않는다면 육진六鎭은 끝내 편안할 때가 없을 것이요, 이제 급급히 다스리기를 꾀하여 힘을 길러 후일을 도모하지 않고 고식지계姑息之計로 미봉하기만 한다면, 어찌 변경 한 구석의 적만 걱정할 뿐이겠사옵니까. 말할 수 없는 뜻밖의 환란이 있을까 두렵사옵니다.

신은 본래 부유腐儒로서 외람되이 병관兵官[84)의 자리를 더럽혀 밤낮으로 노심초사한 끝에 감히 어리석은 의견을 드리되 대략 말씀드리고, 그간의 곡절은 반드시 모름지기 면대해서 상세히 말씀드리겠사옵니다. 그 절목은 다음과 같습니다.

1. 어질고 유능한 사람을 임용할 것.
2. 군사와 백성을 양성할 것.
3. 재용財用을 풍족히 할 것.
4. 번병藩屛[85)을 견고히 할 것.
5. 전마戰馬를 준비할 것.
6. 교화敎化를 밝힐 것.

이른바 '어질고 유능한 사람을 임용할 것'은 다음과 같은 이유가 있기 때문입니다. 나라를 다스리는 데는 요령이 있으니, 임금이 아무 것도 하지 않고 위에 가만히 앉아 있어도 나라가 다스려지는 것은, 어진 사람이 위位에 있고 유능한 사람이 직직職에 있어서 각각 정성과 재주를 다하기 때문입니다. 오늘날 관직을 줌에 사실상 모두 사람을 가려 뽑기는 하지만,

아침에 임명하였다가 저녁에 관직을 옮겨서 미처 자리가 따스해질 겨를도 없사오니, 비록 소임을 보살피려 하여도 그렇게 할 도리가 없사옵니다. 비록 주공周公[86]·소공召公[87]·이윤伊尹[88]·부열傅說[89]의 어짊과 재주로서도 만일 오늘은 사도司徒[90]를 주었다가 내일은 사구司寇[91]를 제수한다면, 반드시 치적은 이루지 못하고 그저 분주하고 노고하기만 할 뿐인데 하물며 어질고 재주 있는 자가 아니라면 어찌하겠습니까.

지금 관직이 자주 바뀌는 데는 두 가지 원인이 있으니, 첫째는 정병呈病[92]이요, 둘째는 피혐避嫌[93]이옵니다. 병을 핑계로 사직원을 내는 폐단을 바로잡으려면, 여러 신하에게 하교하시어 실제에 힘쓰고 속습을 따르지 말아서 진짜 병에 걸린 것이 아니거든 정사呈辭하지 못하게 하옵고, 혹간 병을 핑계하는 자가 있을 경우는 발견되는 대로 엄하게 다스릴 것이며, 반드시 병이 난 지 만 10일이 된 뒤에야 비로소 정사를 하게 하되, 첫 번째는 만 10일이 된 뒤에 재차 정사를 하도록 비로소 허락하고, 두 번째도 만 10일이 된 뒤에야 삼차 정사를 하도록 비로소 허락하며, 한 관청에서 한 관원이 정사를 했을 경우는 다른 관원은 한꺼번에 정사를 할 수 없게 하고, 만일 병에 걸려 부득이 한꺼번에 정사를 해야 할 경우에는 반드시 그 관청 관원들이 합의하여 입계入啓[94]한 뒤에야 비로소 정사를 하도록 하면 병을 핑계로 사직원을 내는 폐단을 바로잡을 수 있을 것이옵니다.

피험하는 폐단을 바로 잡으려면, 대체로 대간臺諫의 경우
는 적합하지 못한 인물을 제외하고는 마땅히 피험으로써 체
차遞差⁹⁵⁾하지 말아야 합니다. 조종조祖宗朝에서는 대간이 비
록 추고推考⁹⁶⁾를 받더라도 체차하지 않았으며, 사헌부司憲府
가 추고되면 사간원司諫院으로 내렸다 합니다. 사람마다 요
堯·순舜이 아니거늘 어찌 매사에 진선할 수 있겠사옵니까.
오늘날의 대관大官은 추고를 받고 공무를 집행하여도 별로
염치에 무관한 것으로 여기고, 유독 대간에게만은 반드시 성
현으로 간주하여 털끝만 한 실수가 있어도 반드시 체직하기
에 이르옵니다. 이목耳目⁹⁷⁾이 자주 바뀌어 공론이 정해 있지
못하니, 진실로 나라를 다스리는 체통이 아니옵고, 대간의 이
동으로 말미암아 다른 관원 역시 자주 바뀌게 되니, 모든 사
공의 패멸은 오로지 이에 연유한 것이옵니다.

신은 생각하옵건대, 부디 고사를 상고하여 대간이 추고를
당해도 체직시키지 않던 법규를 부활시킨 연후에야 피험하
는 폐단을 바로잡을 수 있을 것이옵니다. 그러하오나 여러 번
바뀌어서 그 소임을 잃는 것이나 적격이 아닌 사람에게 오래
도록 맡겨놓는 것은 다 같이 다스리지 못하는 결과로 돌아가
는 것이오니, 지금부터 대소 관원은 일정한 법규에 구애되지
말고 널리 현명하고 재능 있는 사람을 거두어들여 인물과 직

위가 서로 알맞게 되기를 힘쓰시되, 대관大官을 제수할 경우
에는 반드시 대신에게 하문下問하시어 인재를 골라 임명하시
고, 일단 그 적격자를 얻어 신임하였으면 떠도는 말에 동요되
지 마셔야만 어질고 유능한 사람을 임용하는 실상이 있을 것
이옵니다.

이른바 '군사와 백성을 양성할 것'이란 다음과 같은 이유
가 있기 때문입니다. 양병養兵은 양민養民으로 근본을 삼기
때문에 양민을 하지 않고 능히 양병을 했다는 것을 고금을 통
하여 들어본 적이 없사옵니다. 부차夫差[98]의 군사는 천하에
상대가 없었지만 마침내 그 나라를 망친 것은 양민을 하지 않
았던 까닭이옵니다. 지금 백성의 힘이 이미 다하여 사방이 위
축되어 있사오니 이럴 때 대적大敵이 나타난다면, 비록 제갈
량諸葛亮[99]을 모사로 앉히고 한신韓信과 백기白起[100]로 하여금
군사를 거느리게 하더라도 어떻게 할 수 없을 것이옵니다. 왜
냐 하면, 쓸 만한 군사가 없고 먹을 양식이 없사오니, 아무리
지혜로운 사람이라 할지라도 어찌 밀가루 없이 수제비를 만
들 수 있겠습니까. 이것은 각종 군사의 군역이 수월하고 고된
것이 고르지 못하여, 수월한 자는 그런대로 견디나 고된 자는
필연코 도망가고, 도망가면 일족一族을 침해하고 그 화는 만
연되어 심지어 한 마을이 텅 비게 된 까닭이옵니다.

신의 생각으로는 따로 어질고 유능한 사람을 별도로 뽑아

한 국局을 설치하고 군적軍籍의 일을 맡겨, 군역의 고되고 수월한 것을 조정하여 그 역을 고르게 하고, 군사가 도망한 지 3년이 지난 경우에는 다시 한정閒丁[101]을 찾아내어 그 대신을 보충하여, 반드시 각종 군사들로 하여금 모두 지탱, 보전할 수 있고 일족을 침징侵徵하는 병폐를 없앤다면, 군사와 백성의 힘을 펴게 할 수 있을 것이옵니다. 기타의 휴양休養·생식生息에 관한 규례는 국을 설치한 후에 일을 맡은 자가 강구할 것이며, 훈련하는 방법 같은 것도 또한 양민을 한 연후에 의논할 수 있는 것이옵니다.

이른바 '재용을 풍족히 할 것'이란 다음과 같은 이유가 있기 때문입니다. 군사를 풍족하게 하는 데는 식량을 풍족히 하는 것으로 근본을 삼으니, 백만 군사가 하루아침에 흩어지는 것도 식량이 없기 때문이옵니다. 지금 국가의 식량 비축은 1년을 지탱하지 못하니 이른바 나라가 나라답지 못한 것이옵니다. 상하가 모두 이 병폐를 밝게 보면서도 어떻게 할 수 없다는 것으로 핑계를 하고, 재정을 늘릴 방법은 생각하지 않사오니, 만일 큰 도적이 남쪽이나 북쪽에서 쳐들어온다면 무엇으로 군량을 삼으리까. 국고가 날로 줄어들어 가는 원인은 세 가지가 있사오니, 첫째는 수입은 적고 지출은 많은 것이요, 둘째는 맥도貉道로 세稅를 거두는 것이요[102], 셋째는 제사가 번독한 것이옵니다.

'수입은 적고 지출은 많다.'는 것은, 조종조에서는 세입은 매우 많고 지출은 적었던 까닭에 1년이면 반드시 여분이 생겼으니, 이와 같이 해를 거듭한다면 곡식이 썩어날 정도로 많아졌을 것은 형세상 당연한 일이옵니다. 지금은 1년의 수입이 1년의 지출을 감당하지 못하는데, 권설직權設職[103]이 날로 늘어나고 불필요한 관원이 너무도 많아 매양 묵어온 저축으로 그 경비를 충당하니, 2백 년이나 공적을 쌓아온 이 나라에 1년의 저축도 없는 것은 정말 마음 아픈 일이옵니다.

신은 생각하옵건대, 수입을 헤아려서 지출을 하고, 급하지 않은 관직과 이익이 없는 경비는 모두 혁파하고, 전수관典守官[104]이 재정 관리법을 엄히 밝혀서 도둑을 당하지 않는 연후에야 재정이 고갈되는 지경에 이르지 않을 것이옵니다.

'맥도로 세를 거둔다.'는 것은, 옛날에는 10분의 1을 수세했어도 공용公用이 궁핍하지 않고 백성도 원망하는 일이 없었으며, 조종조에서는 9등九等[105]으로 수세하였으니, 그 세법이 상세하지 않은 것이 아니었는데, 행한 지 이미 오래 되어서 관리는 태만하고 백성은 완악하여 매양 급재給災[106]하는 것으로 명예를 구하는 자료를 삼으며, 지금은 하지하下之下로 상지상上之上을 삼고, 일국의 전지로서 급재가 안 된 것이 얼마 없으니, 국가의 재용이 어찌 고갈되지 않을 수 있겠사옵니까. 형세가 이 지경에 이르렀으니 비록 현명한 수령일지라도 감히 급재를 아니할 수 없으니, 그것은 백성의 생활이 날로 곤궁하고 요역徭役이 잡다하기 때문인데, 만일 이 급박한 고생을 풀어주지 않고 오로지 급재를 하지 않는 것만이 나라를 저버리지 않는 것이라 생각한다면, 백성은 더욱 지탱할 수 없을 것이오니, 인인군자仁人君子가 어찌 차마 할 수 있겠습니까.

오늘날의 현상을 타개하기 위한 계책으로는, 공안貢案[107]을 개정하여 전역田役이 10분의 7∼8이 감한 연후에 적당함을 헤아려 세를 증가해서 국가의 재용을 넉넉하게 하는 것보다 나은 것이 없사옵니다. 그렇지 않으면 공사 간에 재정이 풍족할 때가 없을 것이옵니다.

'제사가 번독하다.'는 것은, 옛날의 성제聖帝·명왕明王이 누가 대효大孝가 아니었겠습니까마는, 제사는 번독하지 않은 것을 제일로 여겨 종묘도 월제月祭[108]에 불과했고 원묘原廟[109]도 없었사옵니다. 한漢나라 때부터 비로소 원묘를 설립하였으니 이미 고제古制가 아닌데, 그릇된 것을 반복 답습하여 일제日祭[110]에까지 이르게 되었으니, 그 번독이 심하였사옵니다. 우리나라는 종묘와 각 능陵에는 삭망제朔望祭[111]를 지내고 문소전文昭殿과 연은전延恩殿[112]에는 삼시제三時祭[113]를 지내는데, 이는 본래 조종祖宗을 추모하시는 정성된 효도에서 나온 것이지만, 당우唐虞·삼대三代 성왕의 제도에 비한다면 번잡

하다는 경계를 피하기 어렵사옵니다. 제사라는 것은 정성스럽고 간결함을 주로 하는 것인데, 문소전과 연은전은 날마다 세 번 제사를 드리는 까닭에 제사를 주관하는 자가 마음이 태만하여 예사로 여기게 되어서, 제물을 차리는 것도 정성스럽지 못하고 기명器皿을 씻는 것도 깨끗하지 못하니, 정성스럽지 못하고 깨끗하지 못하다면 신神도 반드시 돌아보지 않을 것인즉, 제왕의 효도가 어찌 이러하겠습니까. 옛날에도 흉년이 들면 사전祀典[114]을 줄였거늘, 하물며 지금은 온 나라가 저축이 없어 흉년 정도에만 그칠 뿐이 아니오니 어찌 변통하지 않을 수 있겠사옵니까. 신은 생각하옵건대, 오직 종묘만은 그 전대로 삭망에 제사를 지내고 각 능은 4명절[115]에만 제사를 지내며, 문소전과 연은전은 일제日祭만 행하고 두 때의 제사는 폐지했으면 하옵니다. 대저 이와 같이 하고 마음을 재계하고 제물을 정결하게 하여 그 정성을 극진히 한다면, 제왕의 효성에 조금도 손상됨이 없을 뿐 아니라, 도리어 빛이 있게 될 것이고, 제수祭需의 비용도 3분의 1로 줄일 수 있을 것이며 조종祖宗의 신령도 성상께서 왕업王業을 확장하고 국기國基를 개척하시는 효성에 감동된 바 있어 더욱 향기로운 제사를 흠향하실 것이옵니다.

이른바 '번병藩屛을 견고히 할 것'이란 다음과 같은 이유가 있기 때문입니다. 경사京師는 곧 복심腹心이며 사방四方은 곧 번병藩屛이옵니다. 번병이 완고한 연후에라야 복심이 믿는 바가 있어 편안하게 되는 것인데, 지금은 사방의 군읍郡邑이 쇠잔하여 퇴폐되지 않은 곳이 없고, 감사監司도 자주 바뀌어 백성은 도백道伯[116]이 누구인지 알지 못하오니, 가사 포악한 도적이 불의에 나타나서 풍우처럼 내달아 번개처럼 치게 된다면, 감사가 비록 창졸간에 절제하려 하나 백성은 서로 믿지 않을 것이요, 명령도 평소처럼 행해지지 않을 것이니, 어떻게 무슨 일을 할 수 있겠사옵니까. 이것은 반드시 패할 길이옵니다.

신은 생각하옵건대, 쇠하고 퇴폐한 작은 고을은 합쳐 하나로 만들어 백성의 힘을 펴게 하고, 감사를 선택하여 오래도록 책임을 맡겨 은덕과 위엄을 한 도에 가해 백성이 평소 신뢰하고 복종하도록 한다면, 평시에는 휴양休養을 할 수 있고 급할 때는 방어를 할 수 있을 것이니, 번병이 견고하면 국가의 형세는 반석같이 될 것이옵니다. 어떤 사람은 감사의 권력이 너무 크면 혹시나 하고 의심하지만, 이것은 그렇지 않사옵니다. 중국에서도 감사를 임명하면 가족을 데리고 가지 않는 사람이 없고, 한 곳에서 10년이나 오래도록 다스리는 사람도 있지만, 이 때문에 그 권력이 과중하다고 염려한다는 말을 들어본 적이 없사옵니다. 하물며 지금 양계兩界[117]의 임기는 불과 24개월이며, 다른 도도 역시 이와 비슷한데, 2년 동안 어찌 한 도를 스스로 제어하여 조정의 명령을 좇지 아니할 자가 있겠사옵니까. 이미 올바른 사람을 택했다면 권력이 과중한 데 따르는 걱정은 염려할 바가 아니옵니다.

이른바 '전마를 준비할 것'이란 다음과 같은 이유가 있기 때문입니다. 지금 나라 안에 전마가 가장 귀하니 만일 군마軍馬[118]를 징발하는 일이 있게 된다면 보병만 쓰게 될 형편이옵니다. 저편은 기병騎兵이고 이편은 보병이라면 어떻게 대적할 수 있겠사옵니까. 지금 섬에서 기르는 말은 마적馬籍은 있으나 실제로 말은 없고, 세월이 갈수록 축이 나고 있는데, 비록 고의로 잃는 것은 아니라 하더라도 여러 섬에 흩어져 있어 야수野獸와 다름이 없으니, 긴급할 때 쓸 수 없게 되어 있습니다.

신은 생각하옵건대, 서울이나 지방의 무사로서 말 타기와 활쏘기를 잘하는 사람은 그 재주를 시험하여 우수한 자를 뽑아 목장에 보내, 본도本道의 도사都事와 본읍의 감목관監牧官[119]이 함께 감독하게 하고, 그 무사로 하여금 목장에 나가 전쟁의 쓰임에 합당한 수말을 고르게 해서 합격한 차례대로 나누어 주되, 그 털빛과 체격의 크기, 키의 치수를 기록하여 마적馬籍을 셋을 만들어 하나는 병조兵曹에 올리고, 하나는 사복시司僕寺[120]에 보내고, 하나는 본관本官에 두며, 말을 나누어 받은 무사들로 하여금 잘 먹여 자신들이 직접 타게 한 다음, 해마다 연말에 가서 서울은 사복시에서 지방은 본읍本邑에서 그 말의 살찌고 마른 것을 살펴 상벌을 행하게 할 것입니다. 그리고 만일 말이 죽을 경우는 관청에 아뢰게 해서 마시馬屍를 검사하되, 5년 안에 죽었을 경우에는 그 값을 헤아려 징수하고, 5년 뒤에 죽었을 경우에는 그 값을 징수하지 않으며, 사변事變이 생기면 마적에 의거해 거두어 들여 전마로 삼고, 만일 그 사람이 종군從軍하게 되면 자신이 직접 그 말을 타도록 허락할 것이옵니다. 이같이 하면 섬에 있는 말을 아무 쓸데 없이 놓아두지 않게 되고, 전쟁에 임해서도 말을 보유하게 되는 것이옵니다. 당마唐馬나 호마胡馬[121]를 널리 사들일 경우에도 이 방법대로 무사들에게 나누어 주면, 무武를 업으로 하는 사람은 말이 없는 것을 걱정하지 않을 것이요, 나라에는 위급할 때의 대비물을 확보하게 될 것이옵니다.

이른바 '교화를 밝힐 것'이란 다음과 같은 이유가 있기 때문입니다. 경전에, "자고로 사람은 누구나 결국 죽는 것이지만, 백성이 국가에 대한 신임이 없다면 국가가 유지되지 못한다."[122] 하였고, 맹자는 이르기를, "인仁하고서 그 어버이를 버릴 자 있지 않고, 의義하고서 그 임금을 소홀하게 대할 자 있지 않다."[123] 하였으니, 설령 먹는 것이 풍족하고 군사가 풍족하다 할지라도 인의仁義가 없다면 어찌 국가가 유지될 수 있겠사옵니까.

오늘날 풍속이 야박하고 의리가 모두 없어진 것은 진실로 춥고 배고픈 것이 몸에 절박하여 염치를 돌볼 수 없는 상황에서 그런 것이라고는 하지만, 역시 교화가 밝지 않아 강유綱維[124]를 진작시키지 못한 데 원인이 있는 것이옵니다. 오기吳起는 일개 명장名將에 지나지 않는 인물이었지만 그의 말에, “편안하게 하기를 도道로써 하고, 다스리기를 의義로써 하며, 움직이기를 예禮로써 하고, 어루만지기를 인仁으로써 할 것이다. 이 사덕이 닦이면 흥하고 폐지되면 쇠망한다.” 하였고, 또 말하기를, “대개 나라를 다스리고 군사를 거느리는 데는 반드시 예로써 가르치고, 의로써 격려하여 부끄러움을 갖게 할 것이니, 사람이 부끄러움을 갖게 되면 크게는 싸울 수 있고, 작게는 지킬 수 있다.” 하였습니다. 오기로서도 오히려 이런 말을 하였거늘, 하물며 지금 성왕께서 나라를 다스림에 어찌 교화가 급선무임을 생각지 않으시겠사옵니까. 어리석은 백성은 하루아침에 갑작스레 가르칠 수 없사오니, 마땅히 주자胄子를 가르침에서 시작해야 하겠사옵니다.

신의 생각에는, 태학太學 및 사학四學[125]의 관官에 먼저 적당한 사람을 택하여 그로 하여금 사자士子[126]를 가르치게 하고, 외방 군읍의 교관校官[127]은 비록 그 적격자를 다 얻을 수 없더라도 또한 별도로 규정을 만들어서 유풍儒風을 흥기시켜, 점차로 민중의 풍속에 미치도록 해야 할 것이요, 어찌할 도리가 없다고 내버려 두어서는 아니 될 것이옵니다.

3장

학문과 교육에 관한 글

자경문自警文[128)

먼저 모름지기 입지立志를 크게 하여 성인으로써 준칙準則을 삼을 것이니, 한 터럭만큼이라도 성인에 미치지 못하면 나의 일은 마치지 못한 것이 된다. 마음을 정한 자는 말이 적으니, 마음을 정하는 것은 말을 적게 하는 것에서 시작된다. 꼭 할 때가 온 뒤에야 말을 한다면 말이 간략해지지 않을 수 없다. 오래 방치해 놓았던 마음을 하루아침에 거둔다 하여, 힘을 얻기가 어찌 용이할 수 있으리오. 마음은 곧 살아 있는 물건이라 정력定力이 이루어지지 못하면 요동搖動하여 편안하기 어렵다. 만약 사려思慮가 어지러워지고 흔들릴 때 의意의 작용作用으로 싫어하고 미워하게 되니, 이것을 끊어 버리고자 한다면 더욱 더 어지러워지고 흔들리는 것을 깨닫게 되어, 갑자기 일어났다 홀연히 멸하는 등, 나를 말미암지 않는 것 같을 것이다. 〈이때에 이러한 방법으로〉 가령 단절한다 해도 다만 이 단절하려는 생각이 가슴속에 가로막혀 있으리니, 이것도 또한 망념妄念일 뿐이다. 〈그러면 어떻게 하여야 할까〉 어지러워지고 흔들릴 때를 당하여 정신을 가다듬어 슬쩍 조관照管[129]하고 그와 더불어 가지 말지니, 이렇게 공부하기를 오래 하면 반드시 안정될 때가 있을 것이다. 일을 집행할 때 전일하게 하는 것도 이것이 또한 정심하는 공부이다. 항상 계구戒懼하고 근독謹獨[130]하는 마음을 흉중에 보존하여, 생각하고 생각하여 게을리 하지 않는다면 일체의 사악한 생각이 자연히 일어나지 않으리라. 만 가지 악이 모두 근독하지 않는 데서 생긴다. 근독한 연후에라야 기수沂水에 목욕하고 읊조리며 돌아오는 의미[131]를 알 수 있게 된다.

새벽에 일어나서는 아침에 할 일을 생각하고, 조반 후에는 낮에 할 일을 생각하고, 취침할 때는 내일에 할 일을 생각해야 한다. 일이 없으면 방하放下[132]하고, 일이 있으면 반드시 생각하여, 일을 조치措置할 때 의리에 맞는 도리를 얻어야 하니, 그렇게 한 뒤에 글을 읽어야 한다. 독서는 시비의 분변을 구해서 일을 행하는 데 이것을 베푸는 것이니, 만약 일을 살펴보지 않고 우뚝이 앉아 독서만 한다면 쓸모없는 학문이 된다.

　재리財利와 영리榮利는 비록 그 사념私念을 깨끗이 제거한다 하더라도, 만약 일에 당면하였을 때 한 터럭이라도 편의便宜[133]한 것을 선택하려는 생각을 갖는다면 이것이 또한 탐내는 마음이니, 더욱 성찰해야 한다. 무릇 일을 만남에, 만약 해야 할 일이면 성심을 다하여 하고, 싫어하거나 게을리 하는 마음을 지녀서는 안 되며, 해서는 안 될 일이면 일체 끊어버려 시비가 흉중에서 교전交戰[134]하게 해서는 안 된다. 항상 하나라도 옳지 않은 일을 행하거나, 죄 없는 사람을 한사람이라도 죽이고서라면 천하를 얻는다 해도 하지 않는다는 의사를 가슴속에 지녀야 한다. 횡역橫逆이 내게 닥쳐오면 스스로 반성해서 깊이 성찰하여 감화하기로 기약해야 한다.

　한 집안의 사람이 교화되지 못하는 것은 다만 성의가 극진하지 못해서이다. 밤에 잠잘 때나 질병이 아니면 누워서도 안 되고 기대서도 안 된다. 비록 밤중이라도 졸음이 오지 않으면 눕지 말 것이나 다만 억지로 얽매어 속박되어서는 안 된다. 낮에 졸음이 오면 마땅히 마음을 깨우쳐 십분 맹성할 것이니, 만약 눈가죽이 무겁거든 일어나 두루 걸어 다니며 정신을 깨게 하여야 한다.

　공부하여 노력하는 데는, 늦춰서도 안 되고 조급히 해서도 안 되며, 죽은 뒤에 그만 둘 따름이다.[135] 만약 공효를 급속하게 구하면 그것도 또한 이욕의 마음이다. 만약 이와 같이 하지 않고 부모의 유체遺體를 욕되게 하면 곧 사람의 자식이 아니다.

격몽요결擊蒙要訣[136)

사람이 이 세상에 나서 학문에 의존하지 않고는 올바른 사람이 될 수 없다. 이른바 학문이란 것은 역시 이상하거나 별다른 것이 아니다. 다만 아비가 되어서는 자애롭고, 자식이 되어서는 효도하고, 신하가 되어서는 충성하고, 부부 간에는 분별이 있고, 형제 간에는 우애롭고, 젊은이는 어른을 공경하고, 친구 간에는 신의를 두는 것으로서, 일용의 모든 일에 있어 그 일에 따라 각기 마땅하게 할 뿐이요, 현묘한 것에 마음을 두거나 기이한 것을 노리는 것이 아니다. 다만 학문하지 않은 사람은 마음이 막히고 식견이 좁기 마련이다. 그러므로 모름지기 글을 읽고 이치를 궁구하여 마땅히 향할 길을 밝힌 연후에야 조예가 올바르고 실천에 중도를 얻게 된다. 요즘 사람들은 학문이 일상생활에 있는 줄은 모르고 망령되이 높고 멀어 행하기 어려운 것으로 생각하는 까닭에, 특별한 사람에게 미루고 자기는 자포자기한다. 이 어찌 불쌍한 일이 아니랴. 내가 해산海山의 남쪽에 거처를 정하자, 한두 학도가 추종하여 학문을 청해 왔다. 내가 스승이 될 수 없는 것이 부끄러웠으나 또한 초학初學이 향방을 모를 뿐 아니라, 굳은 뜻이 없이 그저 아무렇게나 이것저것 배우면 피차에 도움이 없고 도리어 남의 조롱만 사게 될까 염려되었다. 이에 간략하게 한 책을 써서 대략 마음을 세우는 것, 몸가짐을 단속하는 일, 부모를 봉양하는 법, 남을 접대하는 방법을 서술하고, 이를『격몽요결擊蒙要訣』이라 이름 해서 학도들로 하여금 이것을 보아 마음을 씻고 뜻을 세워 즉시 공부에 착수하게 하고, 나 역시 오랫동안 구습에 얽매어 괴로워하던 차에 이것으로 스스로 경계하고 반성코자 하노라. 정축 늦겨울 덕수德水 이이 씀.

제1장 입지立志

처음으로 배우는 사람은 먼저 뜻을 세우는 것이 필요하다. 반드시 성인이 되기를 자기의 목표로 삼고, 한 터럭만큼도 스스로 포기하거나 물러서고 미루려는 생각을 해서는 안 된다. 대개 중인도 성인과 그 본성은 동일하다. 비록 기질에 맑고 흐리고, 순수하고 잡박한 차이가 없지 않으나, 참으로 능히 참되게 알고 진실로 행하여 그 낡은 버릇을 버리고 시초의 본성을 되찾게 되면, 털끝만큼을 보태지 않고서도 온갖 선善이 다 만족해질 것이다. 뭇사람이여, 어찌 성인을 자신의 목표로 세우지 않을 수 있겠는가! 그러므로 맹자는 성性이 선하다고 말하시며 늘 요堯·순舜을 일컬어 그것을 실증하면서 '사람은 다 요·순이 될 수 있다.'고 하였다. 어찌 우리를 속이셨으랴.

당연히 늘 자신을 분발시켜, "사람의 성품은 본디 착한 것이어서 옛 것과 지금 것, 지혜로움과 어리석음의 구별은 없다. 성인은 유독 어떤 연유로 성인이 되고 나는 어떤 연유로 유독 보통 사람이 되었을까. 진실로 뜻이 확립되지 않고 아는 것이 분명하지 않고, 행실이 도탑지 않기 때문이다. 뜻을 확립시키고, 아는 것을 분명히 하고, 행실을 도탑게 하는 것은 다 나에게 있다. 어찌 다른 데서 구하랴."라고 해야 할 것이다. 안연顔淵이 말하기를, "순舜은 어떤 사람이며 나는 어떤 사람인가. 노력하는 사람은 또한 그와 같이 된다." 하였으니, 나도 당연히 안연이 순과 같이 되기를 바란 것을 본받아야 할 것이다.

사람의 용모는 추한 모습을 곱도록 고칠 수 없으며, 힘은 약한 것을 세어지게 고칠 수 없으며, 키는 작은 것을 크게 고칠 수 없다. 이것은 이미 정해진 운명을 고칠 수 없기 때문이다. 그러나 심지心志는 어리석은 것을 지혜롭게, 어질지 못한 것을 현숙하게 바꿀 수 있다. 이것은 마음의 허령虛靈함은 타고난 것에 구애받지 않기 때문이다. 대개 지혜로움보다 아름다운 것이 없고, 어짊보다 귀한 것은 없다. 왜 그다지도 어질고 지혜로워지려 들지 않고 하늘이 준 본성만 손상하고 있는가. 사람이 이 뜻을 간직하고 굳게 물러서지 않는다면 거의 도道에 가까우리라.

보통 사람들이 제 자신이 뜻을 세웠다고 하면서도 바로 노력하려 들지 않고 머뭇대며 기다리는 것은, 명목상으로는 뜻을 세웠다 하면서도 실상 배움에 향하려는 성의가 없기 때문이다. 진실로 내 뜻이 학문에 두어졌다면, 인仁을 행함은 나에게 있어 하려고 하면 이를 수 있는 것인데, 왜 남에게 구하며 왜 뒷날로 미루겠는가. 뜻을 세움이 귀하다는 것은 곧 공부를 시작하여 미치지 못할까 두려워하여 생각마다 물러서지 않으려 한 까닭이다. 만일 뜻이 정성스럽고 도탑지 못하여 그대로 날만 보낸다면 나이가 차 죽는 날까지도 어찌 성취가 있으랴.

제5장 사친事親

무릇 사람이 부모에게 당연히 효도해야 한다는 것을 모르지는 않으나 효도하는 사람이 매우 드문 것은, 부모의 은혜를 깊이 알지 못한 까닭이다. 『시경』에 "아버지는 나를 낳으시고 어머니는 나를 기르시니, 은덕을 갚으려면 하늘과 같아 끝이 없다.”라고 이르지 않았더냐. 자식으로서 생명을 받음에 성명性命과 혈육血肉은 모두 어버이가 끼쳐 준 바로, 기침이며 호흡, 기운과 맥박이 서로 이어져 있다. 이 몸은 내 사사로운 것이 아니고 부모가 끼쳐 준 기氣로 만들어진 것이다. 그러므로 “애달퍼라, 부모가 나를 생육하시느라고 수고로우셨다.” 하였으니, 부모의 은혜를 무엇이라 이르랴. 어찌 감히 몸을 제 것으로 생각하고 부모에게 효도를 극진히 하지 않겠는가. 사람이 능히 늘 이러한 마음을 지닐 수 있다면 저절로 부모에게 쏠리는 정성이 생길 것이다.

무릇 부모를 섬기는 자는 한 가지 일, 한 가지 행동이라도 감히 제 마음대로 하지 말고 반드시 명령을 받고 행하여야 한다. 만일 당연히 할 만한 일을 부모가 허락하지 않으시면, 반드시 자세히 말씀드려 승낙을 얻은 뒤에 행해야 하고, 만일 끝내 허락하지 않으시더라도 바로 제 생각대로 하여서는 안 된다.

날마다 날이 밝기 전에 일어나서 세수하고 머리 빗고 의관을 정제한 다음, 부모의 침소에 가서 호흡을 낮추고 음성을 부드럽게 하여, 옷이 더우신지 찬지, 몸의 안부를 물을 것이며, 저녁이면 침소에 가서 이부자리를 보아 드리고, 따뜻한지 써늘한지를 살피며, 낮에 모실 때에도 항상 부드러운 낯빛과 온순한 용모로 공경히 응대하고, 오른쪽이든 왼쪽이든 필요해 하시는 곳을 좇아 봉양하면서 극진히 그 정성을 다하고, 나들이할 때에는 반드시 절하고 아뢰고 절하고 뵈어야 한다.

지금 사람들은 흔히 부모에게 양육되고서도 자기의 힘으로 부모를 봉양하지 않고 있다. 이렇듯 세월만 넘기다가는 끝내 부모를 정성껏 봉양할 시절이 없게 될 것이다. 모름지기 살림을 몸소 주관하여 스스로 맛있는 반찬을 준비하고 난 뒤라야 자식의 직분을 닦았다 할 것이다. 만일 부모가 굳이 따라주시지 않으면, 비록 살림은 주관하지 못하더라도 당연히 주선해드리고 도와드리면서 힘을 다 쏟아 반찬을 맛있게 할 재료들을 구하여 어버이의 구미에 맞게 해 드리는 것이 옳을 것이다. 만일 생각이 늘 어버이를 봉양하는 데만 있다면 진미珍味도 반드시 얻어질 것이다. 예전에 왕연王延[137]이 한겨울 큰 추위에 자신은 온전한 옷을 입지 못하고서도 부모에게는 맛난 음식을 극진하게 해 드렸다는 것을 늘 생각하면, 사람으로 하여금 감탄과 눈물을 흘리게 한다.

보통 가정에서 부자 간의 사랑이 공경보다 넘치고 있으니, 반드시 예전 버릇을 깨끗이 씻어버리고 존경을 극진히 해야 할 것이다. 부모가 앉고 눕던 자리는 자식이 감히 앉고 눕지 않아야 하며, 부모가 손님을 맞던 곳에서는 자식이 감히 자기의 손님을 접대치 않아야 하며, 부모가 말을 타고 내리던 곳에서는 자식이 감히 말을 타고 내리지 않아야 한다.

부모의 뜻하신 바가 의리에 해로운 것이 아니면 당연히 말씀하기 전에 받아들여 조금도 어겨서는 안 되고, 이치에 해로운 일이면 화평한 기색과 좋은 낯빛, 부드러운 음성으로 간언하되 반복해 아뢰어 꼭 들어 주시도록 해야 한다.

부모에게 병환이 있으면 마음은 우울해 하고 기색은 꺾여 다른 일은 버려둔 채, 다만 의원을 데려오고 약을 짓기에만 힘쓰다가 병이 나으시면 평상으로 돌아가야 한다.

날마다 생활하는 중에 잠시라도 부모를 잊지 않고 난 뒤라야 효자라고 이름 할 것이다. 저들 몸가짐을 삼가지 않고 말을 함부로 하면서, 유희로 날을 보내는 자는 다 부모를 잊은 자들이다.

세월은 물 흐르듯 하여 어버이 섬김도 오랠 수 없다. 그러므로 자식 된 자는 모름지기 정성을 다하고 힘을 다해 마치 미치지 못할까 두려워하듯이 해야 한다. 옛사람의 시에, "옛사람은 하루 동안의 어버이 봉양을 삼공三公과 바꾸지 않는다." 하였으니, 이른바 날짜를 아끼는 것이 그와 같음을 말함이다.

어린이가 반드시 알아야 할 사항 小兒須知[139]

교훈을 따르지 않고 다른 일에 마음을 쏟는 것.

부모가 명령하신 것을 곧 시행하지 않는 것.

형과 어른을 공경하지 않고 말을 함부로 하는 것.

형제 간에 우애하지 않고 서로 싸우는 것.

음식을 가지고 다투며 서로 사양하지 않는 것.

다른 아이를 마구 건드려 서로 싸우는 것.

충고를 받아들일 줄 모르고 번번이 원망하거나 성내는 것.

손을 단정히 마주잡지 않고, 팔을 휘젓거나 비스듬히 기대는 것.

걸음을 경솔하게 걸으며, 뜀박질하고 뛰어 넘고 하는 것.

실없는 말로 농지거리하기를 좋아하며 말과 웃음소리가

떠들썩한 것.

유익하지 않고 상관되지 않는 일 하기를 좋아하는 것.

일찍 자고 늦게 일어나 게으름을 피우며 독서하지 않는 것.

독서하는 시간에 서로 쳐다보며 잡담하는 것.

방심하고 혼매하여 낮에도 앉아서 졸고 있는 것.

단점을 감추고 잘못을 숨기며 언어가 성실하지 않는 것.

한가한 사람과 마주 앉아 잡담이나 하며 공부는 내팽개치기를 좋아하는 것.

초서로 글씨를 어지럽게 써서 종이 버리기를 좋아하는 것.

죄가 무거울 경우는 한 번 범하면 벌을 논하고, 가벼울 경우는 세 번 범하면 벌을 논한다.

천도책 天道策[140]

상천上天의 일은 소리도 없고 냄새도 없어,[141] 그 이치는 지극히 은미하나 형상은 지극히 현저하니, 이 설說을 아는 사람이라야 더불어 천도를 논할 수 있습니다. 이제 집사執事선생께서 지극히 은미하고 지극히 현저한 도로써 발책發策하여 문목問目을 삼아 격물궁리格物窮理의 설을 듣고자 하니, 이는 진실로 학문이 천인의 도를 끝까지 연구한 사람이 아니라면 어찌 이를 의논하는 데 참여하겠습니까. 그러나 저는 평소 선각자들에게서 들은 것을 가지고 밝으신 물음에 만분의 일이나마 대답할까 합니다.

생각하건대 온갖 변화의 근본은 하나의 음양일 뿐입니다. 이기理氣가 움직이면 양陽이 되고 고요하면 음陰이 되니, 한

번 움직이고 한 번 고요한 것은 기氣이고, 움직이게 하고 고요하게 하는 것은 리理입니다. 천지의 사이에 형상을 가지고 있는 모든 것은 더러는 오행五行의 정기가 모여된 것도 있고, 천지의 어그러진 기를 받은 것도 있고, 음양의 서로 격돌하는 데서 생긴 것도 있고, 음양 두 기운이 발산하는 데서 생긴 것도 있습니다. 그러므로 해와 달과 별이 하늘에 걸려 있는 것이나, 비, 눈, 서리, 이슬이 땅에 내리는 것이나, 바람과 구름이 일어나는 것이나, 우레와 번개가 발작하는 것이 모두 기 아닌 것이 없으나, 이것들이 하늘에 걸리고, 땅에 내리고, 바람과 구름이 일어나고, 우레와 번개가 발작하는 까닭은 리理 아님이 없습니다. 이기理氣가 진실로 잘 조화되면 저 하늘에 걸려 있는 해와 달이 운행하는 도수를 잃지 않고, 땅에 내리는 비나 눈이 반드시 제철에 맞으며, 바람, 구름, 우레, 번개가 모두 화기 속에 둘려 있게 되는 것이니, 이는 리의 정상입니다.

만일 이기가 조화되지 않으면 해와 달의 운행이 그 전도를 잃고, 발휘함이 제철을 잃으며, 바람, 구름, 우레, 번개가 모두 어그러진 기운에서 나오는 것이니, 이는 리의 변괴입니다. 그러나 사람은 천지의 마음이니, 사람의 마음이 바르면 천지의 마음도 바르고, 사람의 기가 순하면 천지의 기도 순해집니다. 그러니 리의 정상함과 변괴를 어찌 한결같이 천도 탓으로

만 돌려서야 되겠습니까. 저는 이로 인하여 다음과 같이 아룁니다.

자연의 원기가 처음 개벽開闢함에서 해와 달이 서로 갈마들며 우주를 밝혔는데, 해는 태양太陽의 정기이고 달은 태음太陰의 정기입니다. 양의 정기는 빨리 운행하기 때문에 하루에 하늘을 한 바퀴 돌고, 음의 정기는 더디게 운행하기 때문에 하룻밤 사이에 하늘을 한 바퀴 돌지 못합니다. 양이 빠르고 음이 더딘 것은 기이지만, 음이 더디고 양의 빠른 소이는 리입니다. 저는 누가 그것을 빠르고 더디게 하는지 모르겠으나, 자연히 그러한 것에 불과할 뿐입니다.

해는 임금의 상이요 달은 신하의 상이니, 운행하는 길이 같고 만나는 도수가 같기 때문에, 달이 해를 가리어 일식이 되고 해가 달을 가리어 월식이 됩니다. 해와 달이 같은 전도에서 만나되, 달의 기운이 미약하면 일식의 변고가 생기지 않지만, 해가 미약하면 음기가 성하고 양기가 미약하여, 아랫사람이 윗사람을 능멸하고 윗사람은 점점 쇠퇴하게 되니, 이는 신하가 임금을 거역하는 상입니다. 그런데 하물며 두 개의 해가 함께 나오고 두 개의 달이 함께 나타나서 비상非常한 변괴가 되는 것이겠습니까. 이는 모두 어그러진 기운이 그렇게 하는 것이 아님이 없습니다. 제가 일찍이 이러한 사실을 옛 전적에서 찾아보니, 재이災異가 일어난 것은 덕이 닦여진 치세에서는 찾아볼 수 없었고, 일식 월식의 변괴가 모두 말세의 난정亂政 때 생겼으니, 이에서 천도와 인도가 서로 통하는 관계를 알 수 있습니다.

지금 저 하늘이 파란 것은 기가 쌓인 것일 뿐 바른 빛깔이 아니니, 만약 별들이 찬란하게 기강紀綱이 되지 않았다면 천기天機의 운행은 아마도 구명할 수 없을 것입니다. 저 아주 밝고 깜박이는 것이 각기 별자리가 있는 것은 무엇 때문입니까. 모두 원기元氣의 운행이 아님이 없습니다.

중성衆聖은 하늘의 운행을 따라 운행하고 제 스스로 운행하지 못하기 때문에 경經이라 하고, 금·목·수·화·토 오성五星은 때에 따라 각각 나타나고, 하늘의 운행을 따르지 않기 때문에 위緯라고 합니다. 하나는 일정하게 운행하는 길이 있고 하나는 일정하게 운행하는 길이 없으나, 그 대체로 말하면 하늘이 날이 되고 오성이 씨가 되지만, 그 자세함을 말하고자 한다면 한 장의 종이로써 다할 수 있는 바가 아닙니다.

상서祥瑞의 별도 항상 나타나는 것이 아니고, 변괴의 별도 항상 출현하는 것이 아닙니다. 그러므로 경성景星은 반드시 태평성대에 나타났고 요혜妖彗는 반드시 망해가는 세상에 나타났습니다. 우순虞舜이 문명하였으매 경성이 나타났고, 춘추 때는 혼란하였으매 혜성彗星이 생겨났습니다. 순舜 같은 세대가 일대만이 아니고 춘추 때처럼 어지러운 시대도 일대

뿐이 아니었으니, 어찌 일일이 들어 차례로 진술하겠습니까. 만약 이르되 만물의 정기가 올라가서 열성列星이 되었다고 한다면, 저는 외람되나 믿지 못하겠습니다. 하늘에 있는 성신星辰은 오행의 정精이며 자연의 기운이니, 저는 어떤 물건의 정기가 바로 어떤 별이 되었다는 것으로는 알고 있지 않습니다. 팔준八駿이 방정房精이 되고[142] 부열傅說이 열성이 되었다[143]는 따위는 이른바 ‘산하대지山河大地가 그림자를 하늘로 보낸다.[144]는 설과 무엇이 다르겠습니까. 이것은 유자儒者의 믿을 바가 아닙니다. 별의 기운은 허虛가 응결된 것인데, 혹 음기가 응결되지 않아 떨어져 운석隕石이 되기도 하고 떨어져서 언덕이 되기도 한다는 말은 제가 소자(소자=소옹, 邵子=邵雍)에게서 들었습니다마는, 물건의 정기가 별이 된다는 말은 듣지 못하였습니다. 또 천지 사이에 가득한 것이 모두 기가 아님이 없으니, 음기는 엉기었는데도 밖에 있는 양기가 들어가지 못하면 돌면서 바람이 됩니다. 만물의 기운이 비록 간艮에서 나와 곤坤으로 들어간다고 하지만, 음기가 엉기는 데에 정해진 곳이 없다면 양기가 흩어지는 것도 방소方所가 없습니다. 천지가 불어내는 기운이 어찌 한 곳에서만 나온다고 고집하겠습니까. 길러주는 바람이 동쪽에서 일어나지만 어찌 동방에서 시작한다고 할 수 있으며, 죽이는 바람이 서쪽에서 일어나지만 어찌 서쪽에서 시작한다고 할 수 있겠으며, 탱

자나무 가지에 와서 둥우리를 짓고 빈 구멍에서 바람이 나온다 해서 어찌 빈 구멍을 바람이 처음으로 생기는 곳이라 할 수 있겠습니까. 정자가 말하기를, '금년의 우레는 일어나는 곳에서 일어난다.' 하였는데, 저도 조조조조調調ㄱㄱ[145]는 기가 접촉하여 일어나고 기가 그치어 멈추는 것이고, 애당초 출입이 없는 것이라고 생각합니다. 성대하게 다스려진 세상에는 음양의 기운이 펴지고 울결鬱結되지 않기 때문에, 기운의 흩어짐이 반드시 화평하여 불어도 나뭇가지를 울리지 않고, 세상의 도가 쇠퇴하면 음양의 기가 울결되고 펴지지 않기 때문에, 기운의 흩어짐이 반드시 격렬하여 나무를 부러뜨리고 지붕을 날려 보냅니다. 소녀풍小女風은 화평하게 발산하는 것이고, 구모풍颶母風은 격렬하게 발산하는 것입니다. 성왕成王이 한 번 생각을 잘못하자 큰 바람이 전지에 곡식을 쓰러뜨렸고, 주공周公이 수년 동안 치화治化를 펴자 바다에 파도가 일지 않았으니, 그 기운을 그렇게 하는 것은 역시 인사에서 말미암은 것입니다.

만약 산천의 기운이 위로 올라가서 구름이 되는 것이라면, 경사와 재앙의 징험을 이로 인하여 볼 수 있습니다. 그러므로 선왕이 영대靈臺[146]를 설치하여 구름의 빛깔을 관찰한 것은 여기에서 길흉의 조짐을 상고한 것입니다. 대개 경사와 재앙이 일어나는 것은 그것이 일어나는 날에 일어나는 것은 아니고, 반드시 조짐이 있는 것입니다. 그러므로 구름이 희면 반드시 유리하여 흩어지는 백성이 있고, 구름이 푸르면 반드시 곡식을 해치는 벌레가 있습니다. 그렇다면 검은 구름은 어찌 수재의 조짐이 아니겠으며, 붉은 구름은 어찌 전쟁의 징조가 아니겠습니까. 황색 구름만이 풍년이 들 조짐이 되는 것이니, 이것이 바로 기운이 징조로써 먼저 나타나는 것입니다. 연기도 아니고 안개도 아니면서 매우 아름다워 조용히 흩어져 홀로 지극히 화평한 기운을 얻어 성왕聖王의 상서가 되는 것은 오직 경운慶雲뿐입니다. 진실로 백성의 재물을 풍부하게 해 주고 백성의 원한을 풀어 주는 덕이 없다면 경운이 생기게 하기 어려울 것인데, 어찌 수토水土의 경청輕淸한 기운이 한갓 헌 옷도 같았다가 검은 강아지와도 같아지는 비유뿐이겠습니까.

안개는 음기가 배설排泄되지 못하여 증기가 맺힌 것인데, 음기가 모인 물건도 안개를 낼 수 있으니, 이는 대개 산천의 나쁜 기운입니다. 안개가 붉어서 병상兵象이 되고 푸르러서 재앙이 되는 것이 모두 음기가 성한 징험이 아닌 것이 없습니다. 망적莽賊이 참위僭位하자 황무黃霧가 사방에 끼었고,[147] 천보天寶 때 정사가 어지럽자 심한 안개로 낮이 어두웠으며,[148] 고황제高皇帝 유방劉邦이 백등白登에서 포위되었을 때[149]와 문산文山이 시시柴市에서 죽을 때[150] 모두 하늘이 흐리고 흙비가 내렸으니, 혹은 신하가 임금을 배반하거나 혹은 이적夷狄이 중국을 침범할 때 이러하였다는 것을 모두 유類로 미루어 알 수 있습니다.

양기가 발산한 뒤에 음기가 양기를 싸서 양기가 나오지 못하면 분발 격동擊動하여 격렬한 천둥이 됩니다. 그러므로 격렬한 천둥의 발작은 반드시 봄과 여름에 있으니, 이것은 천지의 노기입니다. 번개의 섬광이 번쩍이는 것은 양기가 발하여 번개가 된 것이고, 천둥소리가 두려운 것은 음양의 두 기운이 서로 부딪쳐 우레가 된 것입니다. 선유先儒가 말하기를, ‘격렬한 천둥은 음양의 정기로서, 혹 천둥으로 동면冬眠하는 벌레를 놀래어 깨우기도 하고 혹은 벼락으로 사악한 것을 치기도 한다.’ 하였으니, 사악한 기운이 모여서 이루어진 사람도 있고, 사악한 기운이 붙어 이루어진 물건도 있으므로, 정기가 사기邪氣에 벼락을 치는 것은 또한 당연한 이치입니다. 공자께서 빠르고 심한 천둥에 반드시 얼굴빛이 변한 것은 진실로 이 때문이시었습니다. 그런데 하물며 당연히 벼락을 쳐야 할 곳에 벼락을 친 것이겠습니까. 상商의 무을武乙이 벼락을 맞아 죽고,[151] 노魯의 이백夷伯의 사묘祠廟에 벼락이 친 것은[152] 이 이치가 없다고 할 수 없습니다. 그렇다고 해서 만약 반드시 어떤 한 물건이 벼락을 치는 권한을 가지고서 주관한다고 하면 천착穿鑿에 가깝습니다.

또 양기가 퍼지는 계절에 이슬로써 만물을 적시어 주는 것은 구름의 은택이고, 음기가 참담한 계절에 서리로써 초목을 죽이는 것은 이슬이 맺혀 서리가 되어서, 『시경』에 '갈대가 푸르거늘 흰 이슬이 서리가 된다.'고 한 것이 바로 이것을 이른 것입니다. 간혹 음기가 너무 성하면 서리가 내리는 것이 제철에 하지 않는 수가 있는데, 위주僞周가 임조臨朝하자 음양의 위치가 바뀌어 매우 따뜻한 남월南越에 6월에 서리를 내렸으니, 생각컨대 이는 필시 온 천하가 온통 사나운 음기에 싸여 있어서인 듯합니다. 무씨武氏의 일은 이를 만하나, 말이 길어 그만 두겠습니다.

비와 이슬이 모두 구름에서 나오지만 수분이 많은 것이 비가 되고, 수분이 적은 것이 이슬이 됩니다. 음양이 서로 교합하면 바로 비가 내리는 것인데, 짙은 구름이 끼고서도 비가 내리지 않는 것은 상하가 교통되지 않아서이니, 홍범전洪範傳에 '황皇이 극하지 않으면 그 벌은 상음常陰이다.'라고 한 것이 바로 이를 이름입니다. 또 양이 더할 수 없이 성하면 가물고 음이 성하면 장마가 지니, 반드시 음양이 조화된 뒤에야 비가 내리고 날이 개는 것이 시기에 맞습니다. 그러므로 저 신농神農 같은 성인이 순박하고 밝은 세상에 처하시어, 개이라 하면 개었고 비가 오라 하면 비가 온 것은 진실로 당연한 바이니, 성왕이 백성을 다스리면 천지가 서로 통하여 5일에 한 번 바람 불고 10일에 한 번 비오는 것 또한 떳떳한 것입니다. 이와 같은 덕이 있으면 반드시 이와 같은 감응이 있는 것이니, 천도가 어찌 사사로이 후히 대함이 있겠습니까. 원기怨氣는 가뭄을 부르는 원인입니다. 그러므로 한 여인이 품은 원한이 오히려 적지赤地를 만들었습니다. 그렇다면 무왕武王이 은殷을 쳐서 이긴 것이 천하의 원기를 소멸시키기에 충분하고, 진경眞卿이 옥사獄事를 판결한 것이 한 지방의 원기를 해소하기에 충분하였으니, 단비가 때에 맞춰 내린 것이 괴이할 것 없습니다. 원기를 풀어준 데에도 이러하였는데, 하물며 필부필부匹夫匹婦까지도 은택을 입지 않은 사람이 없는 태평세대이겠습니까.

저 한창 추운 겨울에는 천지가 이미 폐색閉塞되었지만, 음양의 두 기운이 교합하지 않을 수 없으므로 빗물이 엉기어 눈이 되는데, 이는 대개 음기가 그렇게 하는 것입니다. 초목의 꽃은 양의 기운을 받기 때문에 대부분 다섯 잎이 나오는 것이니, 다섯은 양의 수數이고 눈은 음의 기운을 받기 때문에 홀로 여섯 잎이 나오는 것이니, 여섯은 음의 수입니다. 이 역시 그렇게 하지 않아도 저절로 그렇게 되는 것입니다. 그리고 원안袁安이 눈 속에서 문을 닫고 읽었던 것[154]과 귀산龜山이 눈 내리는 날에 뜰에 서 있었던 것[155]과 난한暖寒의 모임[156]과 산음山陰의 흥취[157] 따위는 혹은 수정守靜의 낙이 있어서이고,

혹은 도 있는 사람을 심방하는 성의가 있어서이며, 혹은 호사스러운 생각에서 나오고 혹은 방달放達에서 나온 것으로, 모두 천도와 관계되지 않으니 어찌 오늘에 말할 만한 것이겠습니까.

그리고 우박은 사나운 기운에서 나오는 것인데, 음이 양을 위협하기 때문에 우박이 내려 물건을 해칩니다. 지난 옛날을 상고해 보면 크게는 말머리만 하고, 작게는 계란만 하여 사람과 짐승을 살상한 것이 더러는 무력을 함부로 쓰던 세상에 있기도 하였고, 더러는 화의 기초를 만드는 임금을 경계하기도 하였으니, 그 우박이 역대의 경계의 대상이 되었다는 것을 자세히 진술하지 않아도 이것을 미루어 알 수 있습니다.

아! 일기一氣와 운행運行 변화變化하여 흩어져 만수萬殊가 되는 것이니, 나누어서 말하면 천지 만상萬象이 각기 하나의 기운이지만, 합하여 말하면 천지 만상이 동일한 기운입니다. 오행의 정기正氣가 모인 것이 해·달·별이 되고, 천지의 사나운 기운을 받은 것이 흐림·흙비·안개·우박이 됩니다. 천둥·번개·벼락은 음양의 두 기운이 서로 격돌하는 데서 나오고, 바람·구름·비·이슬은 두 기운이 서로 합하는 데서 나오는 것이니, 그 구분은 비록 다르나 그 리理는 같습니다.

집사가 편말篇末에 또, ‘천지가 제 자리에 있고, 만물이 육성되는 것이 어떤 이유에서이냐?’고 물으시니, 저는 이 말씀에 깊이 감동하는 바가 있습니다. 제가 듣건대, 인군이 자기의 마음을 바로 하여 조정을 바로잡고, 조정을 바로 하여 사방을 바로잡고, 사방이 바르면 천지의 기운도 바라진다 하였으며, 또 듣건대 '마음이 화평하면 형체도 화평하고, 형체가 화평하면 기운도 화평하며, 기운이 화평하면 천지의 화평이 호응한다.' 하였으니, 천지의 기운이 이미 바르다면 어찌 일식·월식이 있으며, 어찌 별들이 운행의 도수를 잃겠습니까. 천지의 기운이 이미 화평하면 우레·번개·벼락이 어찌 그 위엄을 부리며, 바람·구름·서리·눈이 어찌 그 제때를 잃으며, 빛이 나지 않고 음침하거나 흙비가 내리는 사나운 기가 어찌 재앙을 만들겠습니까. 하늘은 비와 햇볕과 따사로움과 추위와 바람으로써 만물을 생성하고 인군仁君은 엄숙과 다스림과 슬기와 계획과 성스러움으로써 위로 천도天道를 호응하는 것이니, 하늘이 때 맞춰 비를 내리는 것은 바로 임금의 엄숙과 같고, 때때로 햇볕을 쪼여 주는 것은 임금의 다스림과 같고, 때때로 따사롭게 하는 것은 임금의 슬기의 응험應驗이고, 때때로 추워지는 것은 계획의 응험이고, 때때로 바람이 부는 것은 성聖의 응험입니다. 이것으로써 관찰하건대, 천지가 제자리에 위치하고 만물이 육성되는 것이 어찌 임금 한사람의 수덕修德에 달린 것이 아니겠습니까.

자사자子思子가 말하기를, '오직 천하의 지성至誠이라야만 화육化育할 수 있다.' 하였고, 또 '양양洋洋하여 만물을 발육하고 고대高大한 덕이 하늘 끝까지 닿았다.' 하였으며, 정자가 말하기를, '천덕天德과 왕도王道는 그 요체가 근독謹獨에 있을 뿐이다.' 하였습니다.

아! 이제 우리 동방의 동식물이 모두 임금의 덕화가 넘치는 속에서 고무鼓舞하는 것이, 어찌 성주聖主의 근독에 달려 있지 않겠습니까. 바라건대 집사께서는 천루淺陋한 제 글을 상감께 주달奏達한다면, 빈천한 서생이 거의 필문규두篳門圭竇[158]에서 한을 남기지 않을 것입니다. 삼가 대책對策합니다.

3부

관련서 및 연보

율곡에 관한 연구 성과는 비교적 풍성한 편이다. 우선 한국학중앙연구원이 『율곡전서』를 완역하였고, 율곡학회가 이를 보완한 CD-ROM을 제작한 것은 율곡학의 대중화와 저변 확대를 위해 매우 다행한 일이다.

율곡의 생애와 사상을 다룬 다양한 형태의 저술들이 많이 간행되었고, 박사논문만 해도 무려 30여 편이 넘는다. 아울러 율곡학 분야의 석사논문, 일반논문의 경우 그 양과 질에 있어서도 괄목할 만큼의 성과를 거두고 있다.

다만 율곡학의 세계화라는 측면에서 『율곡전서』의 영역 보급이 시급하고, 외국인 학자들, 특히 구미학자들의 율곡학 연구가 활성화되어야 하겠다. 또한 율곡학의 특성상 사회과학, 자연과학, 예술 분야 등 인접 학문과의 접목이나 서양 학문과의 비교 연구나 접목도 이루어져야 하겠다.

관련서

율곡에 관한 연구는 비교적 많이 이루어진 편이다. 저술, 석·박사논문을 비롯하여 일반논문에 이르기까지 한국유학 연구에서 중심 위치에 있다. 한국유학에 대한 연구동향을 보면 퇴계·율곡·다산의 연구가 가장 많은 편이다. 그러나 대부분 전문 학자들의 논문이거나 전문적 저술이어서 일반 독자들이 쉽게 볼 수 있는 저술은 그리 흔치 않다. 이 점에서 우리 학계가 반성해야 한다고 생각한다.

번역서

우선 율곡의 사상을 1차로 보는 데 필요한 것이 번역서라고 할 수 있다. 『율곡전서』 가운데 중요한 글만을 뽑아 만든 번역서는 여러 가지가 있지만, 최근 한국학중앙연구원에서 발간한 『국역 율곡전서』는 『율곡전서』의 완역본이라는 점에서 소중한 책이다. 이 책은 모두 7권으로 되어 있는데, 번역과 함께 원문도 표점을 찍어 뒤에 수록하여 참고하기가 편리하다.

또한 이 번역본은 물론 『사서율곡언해』『정언묘선』『순언』『고산구곡가』『자경별곡』을 수록하고, 율곡 관련 자료로서 『조선왕조실록』 기사 · 『한국문집총간』 기사 · 박사학위 논문 초록 및 석사학위논문 목록 · 율곡 관련 유물 · 유적자료를 모두 수록한 CD-ROM이 사단법인 율곡학회에서 나왔다. 이는 율곡 관련 자료를 거의 집대성한 전자 자료라는 점에서 매우 중요한 가치가 있다.

생애와 인격을 다룬 안내서

율곡의 생애와 인격을 이해할 수 있는 안내서는 그리 많은 편이 아니다. 역사학자 고 이병도 선생의 『율곡의 생애와 사상』(서문당, 1973)은 문고판으로 율곡에 관한 저술이 거의 없던 시절, 율곡의 생애와 사상을 단편적으로 이해하는 데 꼭 필요한 책이었다. 역사학자 이종호 박사의 『율곡—인간과 사상』(지식산업사, 1994)은 율곡의 생애를 비교적 쉽게 서술한 책이며, 황준연 교수의 『이율곡, 그 삶의 모습』(서울대출판부,

2000)도 율곡의 삶을 소상하게 소개하고, 나아가 그의 학문 세계까지도 안내한 훌륭한 책이라고 볼 수 있다.

철학과 사상을 다룬 전문서

다음은 율곡의 철학과 사상을 이해할 수 있는 전문적인 서적을 소개하기로 하자. 우선 철학 분야에서는 고 김경탁 선생의 『율곡의 연구』(한국연구원, 1960)를 꼽을 수 있다. 이 책은 1960년대 율곡을 소개한 선구적인 저술로 율곡의 생애와 사상을 깊이 있게 소개하고 있다. 그 뒤를 이어 1980년대 후반에 송석구 교수가 자신의 박사논문을 보완해 출간한 『율곡의 철학사상 연구』(형설출판사, 1987)가 있다. 이 책은 율곡의 철학사상을 본격적으로 소개한 저술로 성의정심을 중심으로 율곡의 철학을 논구한 것이다. 이어 황의동 교수는 자신의 석·박사논문과 그동안 율곡 관련 논문을 보완해 『율곡사상의 체계적 이해』(서광사, 1998) 1, 2권을 출간했다. 1권은 성리학 편이고 2편은 경세사상 편으로 되어 있다. 율곡의 성리학과 경세사상 전반을 거의 망라한 전문적인 저술이며, 이기지묘理氣之妙의 입장에서 율곡철학 전반을 보고 있는 점이 독특하다. 황준연 교수의 『이이철학연구』(전남대출판부, 1989) 역시 그의 박사논문을 단행본으로 출간한 것이다. 또한 장숙필 박사의 『율곡 이이의 성학연구』(고려대민족문화연구원, 1992)

도 그의 박사논문을 보완하여 단행본으로 발간한 것인데, 율
곡의 『성학집요』를 중심으로 논구한 것이다.

사회철학 연구서

율곡의 사회철학에 관한 연구서로는 이동인 교수의 『율곡
의 사회개혁사상』(백산서당, 2002)이 있는데, 이 또한 그의 박
사논문을 단행본으로 엮은 것이다. 이 책은 율곡의 사회철학
을 전반적으로 조명한 대표적인 연구서라고 볼 수 있다. 또한
고 조남국 교수의 『율곡의 삶과 철학 그리고 경제 윤리』(교육
과학사, 1997)도 그의 박사논문과 몇 편의 율곡 관련 논문을
보완하여 발간한 것인데, 율곡 사상을 윤리와 경제의 상보적
관계로 본 것이 특징이다.

교양서

그 밖에 편저로서 율곡에 관한 교양서로는 『율곡의 사상』
(이준호 편, 현암사, 1973), 『율곡어록』(한영우 역, 삼성미술문화
재단, 1980), 『율곡 선생과 신사임당』(강릉향토 편, 한국자유교
양추진회, 1980) 등이 있다.

율곡 연보

중종 31년(1536) 1세

12월 26일 강릉부 북평촌 외가에서 출생함.

부친은 이원수李元秀, 모친은 신사임당申師任堂,

자字는 숙헌叔獻, 본관은 덕수德水, 호號는 율곡栗谷.

36년(1541) 6세

강릉에서 서울로 돌아옴.

37년(1542) 7세

어머니 신사임당에게서 글을 배움.

명종3년(1548) 13세

진사초시進士初試에 합격함.

6년(1551) 16세

5월 어머니 신사임당 별세, 「선비행장」을 지음.

9년(1554) 19세

우계牛溪 성혼成渾과 도의지교道義之交를 맺음.

3월 금강산에 들어가 불교를 공부함.

10년(1555) 20세

다시 강릉으로 돌아와 「자경문自警文」 11개조를 지어 성학
聖學을 향한 입지立志를 굳게 함.

11년(1556) 21세

봄에 서울로 돌아와 한성시漢城試에 수석으로 합격함.

12년(1557) 22세

9월 노씨와 결혼함.

13년(1558) 23세

봄에 경북 예안 도산陶山으로 퇴계 선생을 방문하고 겨울
에 별시別試에서 「천도책天道策」으로 장원 급제함.

16년(1561) 26세

5월 아버지 이원수공 별세.

19년(1564) 29세

7월 생원 진사시에 합격하고 8월에 명경시明經試에 급제하
여 호조좌랑에 임명됨('구도장원공九度壯元公' 이라 불림).

20년(1565) 30세

봄에 예조좌랑에 전임.

8월 요승妖僧 보우普雨와 권간權奸 윤원형尹元衡을 단죄하

는 상소를 올림. 11월 사간원 정언에 임명되자 사퇴하는 상소를 올렸으나 불허.

21년(1566) 31세

3월 다시 정언에 임명됨.

5월 동료들과 시무삼사時務三事에 관해 상소함.

겨울에 이조좌랑에 임명됨.

명종 22년(1567) 32세

고봉高峰 기대승奇大升의 『대학』 수장에 관한 질의에 답함.

선조원년(1568) 33세, 2월 사헌부 지평에 임명됨.

가을에 서장관으로 명경明京에 갔다 돌아와 홍문관 부교리 겸 경연시독관 춘추관기주관에 임명됨.

11월 다시 이조좌랑에 임명되었다가 강릉 외조모 이씨의 병환으로 사직하고 강릉으로 돌아감.

2년(1569) 34세

6월 교리에 임명되어 7월에 서울로 돌아옴.

9월 「동호문답東湖問答」을 지어 올리고 동료와 함께 시무구사時務九事를 논하는 상소를 올림.

10월 휴가를 얻어 강릉으로 가 외조모상을 당함.

3년(1570) 35세

4월 교리에 임명되어 서울로 돌아옴.

10월 병으로 사직하고 처가인 해주로 감.

12월 퇴계의 부음을 듣고 슬퍼함.

4년(1571) 36세

정월 파주 율곡으로 돌아옴. 다시 교리로서 소환되었으나 병으로 사직하고 해주로 감.

6월 청주목사에 임명됨.

5년(1572) 37세

병으로 사직하고 파주로 돌아옴.

우계 성혼과 성리논변을 전개함.

6년(1573) 38세

7월 홍문관 직제학에 임명되어 사퇴했으나 허락을 못 받아 부득이 올라와 3차 상소를 하여 허락을 받고 8월에 파주 율곡으로 돌아감.

9월 다시 직제학에 임명되어 사퇴하였으나 허락을 받지 못함.

겨울 통정대부 승정원 동부승지 지제 겸 경연참찬관 춘추관수찬관으로 승진함.

7년(1574) 39세

정월 우부승지에 임명되어 「만언봉사萬言封事」를 올림.

3월 사간원 대사간에 임명됨.

10월 황해도관찰사에 임명됨.

8년(1575) 40세

3월 병으로 파주 율곡으로 돌아옴.

6월 왕명을 받아 『사서소주四書小註』를 산정刪定함.

9월 『성학집요聖學輯要』를 올림.

12월 사암思庵 박순朴淳의 태극론에 답함. 이때 동서분당
이 일어남.

9년(1576) 41세

2월 파주 율곡으로 돌아감.

우부승지 대사간 이조참의 전라감사에 임명되었으나 모
두 병으로 사직함.

10월 해주 석담으로 감.

10년(1577) 42세

정월 석담으로 돌아와 가족과 동거하고 가훈家訓을 지음.

12월 『격몽요결擊蒙要訣』을 완성하고 「향약鄕約」 「회집법
會集法」을 만들고 사창社倉을 세울 것을 의논함.

11년(1578) 43세

해주 석담에 은병정사隱屛精舍를 세움.

3월 대사간으로 임명되어 서울로 올라와 사은謝恩하고 4
월에 율곡으로 돌아감.

5월 다시 대사간에 임명되었으나 상소로 사퇴하고 만언소
萬言疏를 올림.

겨울에 석담으로 돌아옴.

12년(1579) 44세

3월 「도봉서원기道峰書院記」를 짓고 『소학집주小學集註』를 완성함.

5월 대사간에 임명되었으나 상소로서 사퇴함.

13년(1580) 45세

5월 「기자실기箕子實記」를 편찬함.

12월 대사간으로 조정에 들어옴. 정암靜庵 조광조趙光祖의 묘지墓誌를 지음.

14년(1581) 46세

3월 병으로 세 번이나 사직을 청했으나 허락되지 않음.

6월 가선대부 사헌부 대사헌으로 특진. 재차 사직했으나 허락을 받지 못하고 다시 예문관 제학도 사직코자 했으나 불허.

8월 동지중추부사에 제수됨.

9월 대사간에 임명됐으나 사퇴.

10월 호조판서에 승진. 조광조·이황의 문묘종사를 청하고 경제사經濟司의 설치를 건의함.

11월 『경연일기經筵日記』를 완성함.

15년(1582) 47세

정월 이조판서에 임명됨.

7월 왕명으로 「인심도심도설人心道心圖說」을 지어 올림.

왕명을 받아 「김시습전金時習傳」과 「학교모범學校模範」 및 「사목事目」을 지어 올림.

8월 형조판서에 임명됨.

9월 의정부 우참찬에 임명되고 숭정대부로 특진.

의정부 우찬성에 임명되자 사퇴하였으나 불허되자 만언소萬言疏를 올려 시폐를 극간함.

10월 명나라 사신 접대의 명을 받고 입경入京한 명나라 사신의 요청에 의해 「극기복례설克己復禮說」을 쓰게 됨.

12월 다시 병조판서로 임명되자 사퇴하였으나 불허.

16년(1583) 48세

2월 「시무육조時務六條」와 「계미육조계癸未六條啓」를 올림.

3월 경연에서 십만양병十萬養兵을 건의함.

6월 동인파의 탄핵을 받고 파주 율곡으로 돌아감.

7월 율곡에서 석담으로 돌아감.

9월 이조판서에 임명되어 사퇴코자 하였으나 허락받지 못함.

10월 서울에 올라와 사퇴를 청하였으나 허락받지 못함.

17년(1584) 49세

정월 16일 서울 대사동에서 서거함.

3월 20일 파주 자운산紫雲山에 안장됨.

인조2년(1624)

'문성文成'의 시호를 받음.

숙종7년(1681)

문묘文廟의 종사從祀를 허락받음.

주

1) 『논어論語』 「양화편陽貨篇」의 "내 어찌 조롱박인가. 한 곳에만 매어 있어 음
식을 안 먹는 그러한 식물과 같을 수 있는가."라는 공자의 말을 인용한 것임.

2) 이 시는 1555년(乙卯)에 산인山人 보응普應 스님과 함께 풍암豊岩 이광문
李廣文의 집 초당에서 하루를 유숙하며 지은 시임.

3) 본래 언문으로 기록한 것을 송시열이 번역했음.

4) 주자가 살던 곳.

5) 이 글은 율곡의 나이 39살인 1574년(선조7) 1월에 율곡이 우부승지로서 선
조임금에게 올린 장문의 상소문이다.

6) 후한後漢의 광무제光武帝.

7) 흉노, 갈, 선비, 저, 강 등 다섯 오랑캐.

8) 정관貞觀은 당태종唐太宗의 연호.

9) 국경의 요소를 지키는 장수들. 이 글은 현종 때 절도사였던 안록산安祿山
이 난을 일으킨 일을 말함.

10) 당나라 말기에 일어난 후양後梁 · 후당後唐 · 후진後晉 · 후한後漢 · 후주
後周 이 다섯 나라가 일으킨 난.

11) 송나라 3대 임금으로 태종의 아들.

12) 송나라 4대 임금으로 진종의 아들.

13) 송나라 6대 임금.

14) 왕안석(王安石; 1021~1086): 자는 개보介甫, 호는 반산半山, 송나라의 개
혁정치가, 학자.

15) 중원 땅을 금나라에 빼앗기고 송나라가 남쪽으로 밀려 내려간 일을 가리킴.

16) 군위신강君爲臣綱 · 부위자강父爲子綱 · 부위부강夫爲婦綱.

17) 인仁 · 의義 · 예禮 · 지智 · 신信.

18) 고조선의 사회질서를 유지하기 위한 8조목의 법규를 말하는데 살인자는
    사형에 처한다, 남을 상하게 한자는 곡물로 보상케 한다, 도둑질한 자는
    그 주인의 노예가 되거나 50만 전으로 그 죄를 속하게 한다는 3조 만이 전
    해지고 있다.

19) 고려 우왕 때부터 조선 태조 초까지 행한 조례를 조준趙浚 · 하륜河崙 등
    이 모아 편찬한 우리나라 최초의 구체적인 법령집.

20) 『경국대전經國大典』을 말함. 세조 때 최항崔恒, 노사신盧思愼 등이 칙명
    으로 편찬을 시작하여, 성종 16년(1485)에 완성한 조선시대 정치의 기준
    이 된 대법전.

21) 『경국대전속록經國大典續錄』 또는 『대전속록大典續錄』을 말함.

22) 세종 26년(1444)에 규정한 토지세에 관한 제도. 전분田分 6등, 연분年分 9
    등 법에 따라 조세를 거둔 제도임.

23) 조광조趙光祖 · 김정金淨 · 김식金湜 등 개혁파 유학자들은 남곤南袞 · 심
    정沈貞 등에게 축출되고 죽임을 당한 기묘사화己卯士禍를 말함.

24) 조선시대 홍문관弘文館의 옥당玉堂, 사헌부司憲府와 사간원司諫院의 대
    간臺諫, 예문관藝文館의 검열檢閱, 승정원承政院의 주서注書 등 왕을 늘
    가까이 모신 신하들을 통틀어 이르는 말.

25) 주나라 무왕의 아우로 뒤에 어린 조카 성왕을 도와 주나라의 정치·문물·
    제도를 완비한 정치가.

26) 본명은 여상呂尙인데, 흔히 강태공姜太公, 태공망太公望 등으로 불리며
    주나라 문왕과 무왕을 도와 천하를 통일케 한 어진 재상.

27) 『주역周易』 계사繫辭 하下.

28) 『중용中庸』

29) 『맹자孟子』 이루離婁 상上.

30) 옛날에 뒷날의 증거로 삼기 위해 마련했던 물건.

31) 소옹(邵雍; 1011~1077): 자는 요부堯夫, 강절康節 선생으로 불린다. 송나

라 초기의 성리학자로 그의 대표적인 저술로는 「격양집擊壤集」「황극경세서皇極經世書」 등이 있음.

32) 조선시대 때 6조曹의 5, 6품관인 정랑正郞 · 좌랑左郞의 자리에 있던 이들을 가리킴.

33) 사림이 당한 사화를 말함.

34) 영의정, 좌의정, 우의정의 삼정승.

35) 6조판서六曹判書를 말함.

36) 관찰사.

37) 병마절도사와 수군절도사를 아울러 약칭한 말.

38) 원員이라고도 부르며, 옛날 각 고을을 다스리던 관찰사 이하의 부윤, 목사, 부사, 군수, 현감, 현령을 통틀어 하는 말.

39) 진영장鎭營將으로 옛날 각 진영의 으뜸 장관將官.

40) 조선시대 때 신역身役, 특히 군역軍役 대신 바치도록 한 베.

41) 아전을 말함.

42) 조선시대 감영監營이나 군아郡衙에서 돈과 곡물의 출납과 간수看守하는 일을 맡아보던 관원.

43) 조식(曹植; 1501~1570): 자는 건중楗中, 호는 남명南冥으로 퇴계와 더불어 영남유학을 대표하는 실천적인 유학자.

44) 주나라 때의 제도가 태사太師 · 태부太傅 · 태보太保였고, 시대에 따라 칭호와 직책이 달라졌음.

45) 『맹자孟子』 고자告子 상上에 보이는 말로, 아무리 잘 자라는 식물도 하루 동안 해를 쪼이고 열흘 동안 차고 그늘진 곳에 두면 자라지 못하듯, 아무리 뛰어난 자질을 가진 사람도 노력이 적으면 발전하지 못한다는 것을 비유한 말임.

46) 은殷나라 고종高宗이 어진 신하를 구하던 끝에 꿈에서 어진 이를 보고 결국 부암博巖에서 노동일을 하고 있던 부열傅說을 찾아내어 그를 재상으로 삼았음.

47) 주나라 문왕은 낚시질 하고 있던 여상呂尙을 만나 그를 재상으로 삼고 태

공망太公望이라 불렀다.

48) 나라에 재앙이 있을 때 임금이 근신한다는 뜻으로 궁전을 떠나 소박한 행궁에서 지내는 것이 피전避殿이고, 음식의 양을 줄이고 식사를 간소하게 하는 것이 감선減膳이다.

49) 조선시대 때 죄를 지어 종이 되거나 속공屬公된 관부에 딸린 사내종과 여자종을 가리킴.

50) 조선시대 납공자納貢者의 공물을 대신 바치고 그 대가를 곱절로 받던 일로 상인이나 하급관리가 이것으로 중간에서 이득을 보았고 국가에서는 징수의 편의를 위해 이를 장려하기도 하였다.

51) 한나라 원제元帝·성제成帝를 섬긴 충성되고 곧기로 유명했던 신하.

52) 한나라 경제景帝·무제武帝를 섬긴 신하로서 강직하고 절의가 뛰어나 유명하다.

53) 『맹자孟子』 공손추(公孫丑) 상上.

54) 조선시대 때 공물의 품목, 수량을 규정한 문서.

55) 조선시대 각 지방의 노비를 골라 뽑아서 노비가 적은 서울의 중앙 관아로 올려 보내던 제도.

56) 춘추시대 제나라의 대부(『맹자孟子』 등문 滕文公 상上.)

57) 하夏나라 우禹임금, 상商나라 탕湯임금, 주周나라 문왕文王, 무왕武王.

58) 『맹자孟子』 진심盡心 상上.

59) 이 말은 주자의 『시집전詩集傳』 소남召南 추우騶虞 시를 해설한 말에서 인용한 것임.

60) 송나라 진덕수眞德秀가 편찬한 책.

61) 송나라 주희朱熹와 여조겸呂祖謙이 공동으로 편찬한 책.

62) 발의 모습은 무거워야 하고(足容重), 손의 모습은 공손해야 하고(手容恭), 눈의 모습은 단정해야 하고(目容端), 입의 모습은 멈춰있어야 하고(口容止) 목소리의 모습은 고요해야 하고(聲容靜), 머리의 모습은 곧아야 하고(頭容直), 숨결 모습은 정숙해야 하고(氣容肅), 서 있는 모습은 덕이 있어야 하고(立容德), 얼굴 모습은 장엄해야 한다(色容莊)는 군자의 9가지 몸

가짐을 말한다.

63) 옛날에 공사公事에 관한 사실을 상관에게 보고하는 자필 문서.

64) 한나라 왕궁의 외문 이름.

65) 사마문을 관장하는 관원.

66) 한나라 문제 때 상대부로 임금의 총애가 두터웠던 사람.

67) 자는 현성玄成, 당나라 태종 때 간의대부諫議大夫를 거쳐 좌광록대부左
光祿大夫까지 올랐고 정국공鄭國公에 봉해졌다. 학문에 뛰어났고 임금에
게 직간直諫을 잘하는 곧은 성품을 지녔다.

68) 궁중에서 쓰던 쌀·베·잡물과 노비에 관한 일을 맡아보던 관청인 내수사
內需司를 말함.

69) 『한서漢書』 가의전賈誼傳에 보이는 말.

70) 노비가 신역身役 대신 바치던 공물.

71) 조선시대 저화楮貨의 제조 및 지방의 노비들이 바치는 공포貢布에 관한
일을 맡아보던 관청.

72) 두 사람 모두 한고조漢高祖의 참모로서 항우項羽를 멸하고 한나라가 천
하를 통일하는 데 크게 공헌했던 인물.

73) 전국시대 위衛나라의 유명한 장수.

74) 한고조의 장수로서 고조가 항우를 쳐부수고 천하를 통일하는 데 큰 공을
세웠음.

75) 돈을 주고 산 장수의 벼슬.

76) 조선시대 때 병영·수영·감영 밑에 둔 지방대地方隊의 직소 명칭.

77) 조선시대 양인良人이 부담하던 국역國役.

78) 옛날 관아에서 천역賤役에 종사하던 관노비.

79) 조선시대 때 의금부의 하예下隷.

80) 경저리京邸吏, 영저리營邸吏를 두루 일컫는 말.

81) 옛날 장죄贓罪를 다스리던 법률.

82) 율곡 48세 되던 해인 1583년 2월 병조판서로 있으면서 올린 계로서, 국방

대비책을 체계적으로 밝힌 글이다.

83) 여진족의 추장 니탕개尼湯介의 침범을 말함.

84) 여기서는 병조판서를 말함.

85) 번리藩籬와 문병門屛을 말하는데, 여기서는 왕도王都의 번리와 문병 역할을 하는 사방의 국토를 가리킴.

86) 주나라 무왕의 아우로 무왕을 도와 은나라를 쳤고, 주나라의 예악문물제도를 확립한 인물.

87) 무왕의 아우로 주공周公과 함께 덕정德政을 베풀었음.

88) 상商나라의 어진 재상으로 탕 임금을 도와 왕도정치를 이룩하는 데 크게 공헌한 인물.

89) 은殷나라 고종 때의 어진 재상으로 재덕才德을 겸비하였음.

90) 중국 고대부터 있어 온 관직명으로, 우순虞舜 때에는 주로 교육만을 맡았으나, 주대에는 호구戶口, 전토田土, 재화, 교육을 맡아 보았으며, 우리나라에서는 호조판서의 딴 이름으로 쓰이기도 하였다.

91) 고대 중국에서 형벌에 관한 일을 맡아보던 관직명.

92) 벼슬아치가 신병을 이유로 사직원을 내는 일.

93) 혐의를 피하는 일.

94) 계장啓狀을 임금에게 올리는 일.

95) 벼슬아치를 갈아서 바꾸는 일.

96) 관리의 허물을 추문推問하여 고찰하는 일.

97) 여기에서는 임금의 이목구실을 하는 간관諫官을 가리킴.

98) 춘추시대 오패五覇의 한 사람인 오吳나라의 왕.

99) 중국 삼국시대 촉한蜀漢의 정치가요 지략가로 자는 공명孔明 시호는 무후武侯다.

100) 한신은 한고조의 장신將臣. 소하蕭何, 장량張良과 함께 한나라 창업의 유공자다. 백기는 전국시대 진秦나라의 명장.

101) 국역國役에 나아가지 않는 장정.

102) 조세를 너무 적게 거두는 것을 말함.

103) 임시로 설치한 벼슬자리를 말함.

104) 주관主管 또는 보관保管하는 벼슬아치.

105) 여기서는 1448년(세종 28)부터 실시한 조세 부과의 기준인 연분9등年分9等을 가리킴. 토지를 그해의 풍흉豊凶에 따라 9등으로 구분하던 제도.

106) 재해를 입은 논밭의 구실을 면제해 주던 일.

107) 공물貢物을 기록한 문부文簿를 말함.

108) 다달이 제사를 지내는 일.

109) 이미 정묘正廟가 있는데 거듭 사당을 세운 것을 말함.

110) 나날이 낮에 제사를 지내는 일.

111) 음력 초하루날과 보름날에 지내는 제사.

112) 문소전은 조선조 태조 및 신의왕후神懿王后의 사당이고 연은전은 덕종德宗의 사당.

113) 아침 낮 저녁의 세 때에 지내는 제사.

114) 제사의 예전禮典을 가리킴.

115) 설, 단오, 추석, 동지.

116) 감사의 딴 이름.

117) 함경남북도와 평안남북도를 가리킴.

118) 군사와 말.

119) 목장 감독관.

120) 궁중의 여마輿馬 구목廐牧에 관한 일을 맡아보던 관아.

121) 당마唐馬는 중국 말 호마胡馬는 만주나 중국 북방에서 나는 말.

122) 『논어論語』 안연편顔淵篇.

123) 『맹자孟子』 양혜왕梁惠王 상上.

124) 군신君臣, 부자父子, 부부夫婦의 삼강三綱과 예禮, 의義, 염廉, 치恥의 사유四維.

125) 서울의 중앙 및 동, 서, 남 네 곳에 세운 학교.

126) 아직 벼슬하지 않은 선비.

127) 지방향교에서 교학을 맡은 관원.

128) 이 글은 1555년(명종 10) 20세 때 율곡이 어머니 신사임당의 상을 당해 3년 상을 치른 뒤, 금강산에 들어가 불교에 침잠하다가 강릉 외가에 돌아와 유학자로서 길을 다짐하며 쓴 일종의 반성문이자 맹세문이다.

129) 조관照管이란 일체 도리를 포괄하여 지존持存한다는 말이고, 경경輕輕이란 주자의 약략略略이니, 마음을 조존操存한다는 것은 갑이 을을 잡듯이 하는 것은 아니다.

130) 신독愼獨과 같은 말로, 신愼을 근謹으로 바꾸어 말하는 것은, 주자가 시왕의 이름자를 휘諱하기 위해 쓴 말이다.(『중용中庸』 수장首章)

131) 『논어論語』 선진편先進篇에 증점曾點이 공자에게 "기수沂水에서 목욕하고 무우舞雩에서 놀고 시를 읊으면서 돌아오겠다."고 한 데서 나온 말.

132) 놓아 버린다는 말.

133) 편의便宜를 택한다는 말은 그를 것이 없으나, 남과 맺은 관계에서 나만이 유리한데 나아가려는 것은 이기적인 욕심이다.

134) 한 가지 일을 처리할 때에 의리적인 마음과 욕심이 다툼을 말한다.

135) 주자의 "무욕속무감태毋欲速毋敢怠"와 증자의 "임중이도원사이후이任重而道遠死而後已"라는 말을 차용한 것이다.

136) 율곡의 나이 42살 때인 1577년 해주 석담에서, 초학자들을 가르치기 위해 만든 유아교육서이다. 입지立志, 혁구습革舊習, 지신持身, 독서讀書, 사친事親, 상제喪制, 제례祭禮, 거가居家, 접인接人, 처세處世, 시제의時祭儀, 기제의忌祭儀, 묘제의墓祭儀, 상복중행제의喪服中行祭儀로 되어 있는데, 여기에서는 지면상 부득이 서문, 입지장, 사친장만을 수록한다.

137) 중국 진晉나라의 효자.

138) 효자가 하루하루 세월이 흘러 어버이가 늙어가는 것을 애석해 하여 하루하루를 아낀다는 말임.(『논어論語』, 이인편里仁篇)

139) 문인인 박여룡朴汝龍의 집 소장품에서 나왔음.

140) 이 글은 율곡의 나이 23세인 1558년(명종 13) 겨울에 있었던 별시別試의

책문策問에 대한 대책을 밝힌 글이다. 일종의 과거시험 답안지라고 할
수 있다.

141) 『시경詩經』 대아大雅 문왕편文王篇.

142) 방성房星은 28숙중宿中의 넷째별로 천마필天馬匹이라고 부름. 천마天
馬가 되어 수레를 끌기 때문에 주목왕周穆王의 팔준마八駿馬를 인용, 천
자의 수레를 끄는 말이라는 뜻으로 쓰였음.

143) 은나라의 부열傳說이 죽은 뒤 하늘로 올라가서 부열성傳說星이 되었다
함.(『장자莊子』 대종사大宗師)

144) 왕안석王安石이 달 속에 무엇이 있는 듯한데, 이는 산하山河의 그림자라
하였고 소동파蘇東坡 시에 "정히 큰 둥근 거울만 하니 이는 바로 산하의
그림자"라는 말이 있음.(『춘추기문春秋紀聞』 산하영山河影)

145) 바람이 불어 물건이 움직이는 모양(『장자莊子』 제물론齊物論)

146) 천문 기상을 살피는 곳(『시경詩經』 대아大雅 영대편靈臺篇)

147) 망적莽賊은 서한의 역신逆臣 왕망王莽을 말함. 왕망이 제위를 넘보고 참
람한 짓을 하자 누런 안개가 사방에 끼었다는 말.

148) 천보天寶는 당 현종의 연호. 천보 14년 겨울 석 달 동안 항상 짙은 안개
가 끼어 10보 밖의 사람이 안보이고 낮이 컴컴했다 함.

149) 한 고조가 스스로 군사를 거느리고 흉노를 치러 갔다가 평성平城의 백등
白登에서 도리어 묵돌(冒頓)에게 7일 동안 포위를 당하였는데, 그 때 7
겹의 달 무리가 삼성參星과 필성畢星을 에워쌌다 함.(『사기史記』 천관서
天官書, 색은索隱)

150) 문산文山은 송나라의 충신 문천상文天祥의 호. 좌승상으로서 조양潮陽
을 지키다가 원장元將에게 패전하여 포로가 되었으나 끝내 굴복하지 않
고 죽을 때 정기가正氣歌를 지어 자기의 뜻을 나타내었다. 문산이 북경
시시(柴市坊)에서 형을 당하던 날 바람이 크게 불어 모래를 날리고 대낮
에 캄캄하여 지척을 분간할 수 없었다 함.(『문산집文山集』 권卷19, 문승
상전文丞相傳)

151) 무을武乙은 상나라 25대 임금으로 매우 무도하여 허수아비를 만들어 그
것을 천신天神이라 하고 사람을 시켜 그 허수아비를 대신하여 자기와 장

기를 두게 하고는 허수아비가 지면 온갖 모욕을 다하였으며 또 가죽 주머니에 피를 담아 공중에 달아놓고 활로 그 주머니를 쏘아 마치고는 하늘을 쏘았다고 하였다. 뒤에 하夏와 위渭 사이에서 사냥을 하다 벼락을 맞고 죽었다 함.(『사기史記』 은본기殷本紀)

152) 노나라 대부 전씨展氏의 조부임. 이夷는 시호, 백伯은 자이다. 희공僖公 15년 9월 기묘己卯 회일晦日에 이백李白의 사당에 벼락이 쳤다 하였음.(『춘추春秋』 희공僖公15년)

153) 위주僞周는 당 고종의 왕후로서, 고종이 죽은 뒤 중종과 예종을 차례로 폐하고, 자신이 황제가 되어 국호를 주周라고 한 무측천(武則天)을 가리킴. 위주僞周 천수天授 2년 6월에 허주許州에 우박이 내렸고, 증성證聖 원년 6월에 따뜻한 오吳, 월越 땅에 한 여름에 서리가 내렸는데 이렇게 양이 성한 계절에 음의 결정인 서리가 내린 것은 임금이 없기 때문이라 하였다.(『당서唐書』 오행지五行志3)

154) 후한의 현신賢臣으로 자는 소공邵公. 사람됨이 엄중하고 위엄이 있어 사람들의 존경을 받았다. 폐호는 그가 영달하지 않았을 때 낙양에 큰 눈이 내렸는데 사람들은 모두 눈을 쓸고 걸식을 하였으나 원안은 홀로 집에 누어 꼼짝도 하지 않은 것을 말한다.(『후한서後漢書』 권卷45 원안전袁安傳 주註)

155) 양시楊時의 호. 유작游酢과 양시 두 사람이 정이程頤를 처음 뵈올 때 이천伊川은 눈을 감고 앉아 있었다. 그래도 두 사람은 모시고 서 있었더니, 얼마 뒤 이천은 "아직도 서 있는가, 그만 물러가라." 하므로 문을 나와 보니 문밖은 눈이 내려 깊이가 한 자나 되었다 한다.(『주자어류朱子語類』)

156) 술을 마셔 몸을 따뜻하게 한다는 뜻. 왕원보王元寶라는 사람은 겨울철에 눈이 많이 내릴 적마다 종을 시켜 눈을 쓸어 길을 뚫어 놓고 손님을 맞아 들여 주효를 갖춰 난한暖寒을 하였다 함. (『개원천보유사開元天寶遺事』, 서언고사書言故事 호사류豪奢類)

157) 진晉나라 때 산음현에 사는 왕자유王子猷가 눈이 많이 내린 밤에 흥이 나서 작은 배를 타고 친구 대안도戴安道를 찾아 그의 집 앞까지 갔다가, 흥이 다하자 친구를 만나지 않고 돌아 온 고사故事.(『세설신화世說新話』 임탄任誕)

158) 싸릿대로 짠 삽짝과 담장을 뚫고 출입하는 문을 말함.

율곡 이이

성리학과 실학을 겸비한 실천적 지성

초판 인쇄 | 2007년　7월 23일
초판 발행 | 2007년　8월　3일

지은이 | 황의동
펴낸이 | 심만수
펴낸곳 | (주)살림출판사
출판등록 | 1989년 11월 1일 제9-210호

주소 | 413-756 경기도 파주시 교하읍 문발리 파주출판도시 522-2
전화 | 031)955-1350　기획·편집 | 031)955-1364
팩스 | 031)955-1355
이메일 | salleem@chol.com
홈페이지 | http://www.sallimbooks.com

ISBN　978-89-522-0680-0　04080
　　　　978-89-522-0314-4　04080 (세트)

* 잘못된 책은 구입하신 서점에서 바꾸어 드립니다.
* 저자와의 협의에 의해 인지를 생략합니다.

값 10,900원